SEBASTIAN JUNGER

TRIBU

Sobre vuelta a casa y pertenencia

SEBASTIAN JUNGER

TRIBU

Sobre vuelta a casa
y pertenencia

Traducción de
María Eugenia Frutos

Capitán Swing

Título original:
Tribe: On Homecoming and Belonging
(2016)

© Del libro:
Sebastian Junger

© De la traducción:
María Eugenia Frutos

© De esta edición:
Capitán Swing Libros, S. L.
c/ Rafael Finat 58, 2º 4 - 28044 Madrid
Tlf: (+34) 630 022 531
contacto@capitanswing.com
www.capitanswing.com

© Diseño gráfico:
Filo Estudio
www.filoestudio.com

Corrección ortotipográfica:
Victoria Parra Ortiz

ISBN: 978-84-946453-0-3
Depósito Legal: M-41519-2016
Código BIC: FV

Impreso en España / *Printed in Spain*
Artes Gráficas Cofás, Móstoles (Madrid)

Queda prohibida, sin autorización escrita de los titulares del copyright, bajo las sanciones establecidas en las leyes, la reproducción total o parcial de esta obra por cualquier medio o procedimiento.

ÍNDICE

Nota del autor 07

Introducción 09

01. Los hombres y los perros 15

02. La guerra te convierte en animal 39

03. En amarga seguridad, me despierto 65

04. Llamando a casa desde Marte 89

Postdata 107

Agradecimientos 109

Bibliografía 111

NOTA DEL AUTOR

El presente libro emana de un artículo que escribí para el número de junio de 2015 de la revista *Vanity Fair* titulado «Cómo el TEPT (trastorno de estrés postraumático) se convirtió en un problema mucho más allá del campo de batalla». Algunos fragmentos breves de dicho artículo aparecen prácticamente literales en este volumen. He incluido todo el material de las fuentes para este libro en un apartado titulado «Bibliografía». No utilizo notas a pie de página porque este no es un libro académico, y las notas a pie pueden interferir en la facilidad de la lectura. Sin embargo, estaba convencido de que ciertos estudios científicos sobre la sociedad moderna, sobre el combate, y sobre el trastorno de estrés postraumático tenían el potencial de sorprender enormemente, e incluso molestar, a algunos lectores. Consciente de ello, decidí incluir al menos una mención somera de la fuente dentro del texto para que, en algunos casos, los lectores pudiesen verificar rápidamente por sí mismos la información. Tanto el libro como el artículo incluyen expresiones que algunos encontrarán problemáticas o hasta ofensivas. La primera es «indio americano». Muchos prefieren el concepto «nativo americano», aunque cuando intenté usarlo en una entrevista con un apache llamado Gregory Gómez, me puntualizó que el concepto se refiere, en propiedad, a personas de cualquier etnia nacidas en Estados Unidos. Insistió en que usara en su lugar «Indio americano», cosa que he hecho.

La otra expresión problemática es «trastorno de estrés postraumático». Hay quienes, comprensiblemente, consideran que la palabra «trastorno» corre el riesgo de estigmatizar a quienes siguen luchando con los traumas del tiempo de guerra. Finalmente, decidí mantener la palabra porque las reacciones traumáticas duraderas podrían considerarse un «trastorno de las funciones físicas o mentales normales», que es como el *Oxford American Dictionary* define la palabra «trastorno». La mayoría de cuidadores sanitarios —y muchos soldados— coinciden con esa opinión.

Por último, este libro incluye varios relatos en primera persona de acontecimientos que tuvieron lugar hace muchos años, en algunos casos antes incluso de que yo fuese periodista. Dichas escenas se han rescatado de mi memoria sin la ayuda de notas, y el diálogo no se recogió en su momento de ninguna manera, excepto en mi memoria. Por lo general, el discurso reproducido entre comillas debería documentarse mediante una grabación o notas, y en todo caso tendría que haber sido escrito mientras tenía lugar o poco después. Sin embargo, en el caso de estos pocos relatos he tenido que confiar enteramente en mi memoria. Después de meditarlo mucho, he decidido que el hacerlo así entraba en mis normas como periodista siempre que dejara claro a mis lectores la citada falta de documentación. Las personas de esos relatos han estado en mi pensamiento toda mi vida y a menudo han servido como importantes guías morales para mi propia conducta. Solo desearía saber quiénes fueron todos ellos para poder agradecérselo de alguna forma.

INTRODUCCIÓN

En el otoño de 1986, recién salido de la universidad, partí para cruzar en autostop la zona noroeste de Estados Unidos. Apenas si había estado alguna vez al oeste del río Hudson, y en mi imaginación lo que me esperaba en Dakota y Wyoming y Montana no solo era la Norteamérica real, sino también mi yo real. Me había criado en la periferia de Boston, donde las casas de las familias estaban situadas detrás de oscuros setos o protegidas por enormes patios y los vecinos apenas se conocían. Y tampoco lo necesitaban: en mi ciudad nunca ocurrió nada que requiriese de algo parecido a un esfuerzo colectivo. Si algo malo pasaba, la policía o los bomberos se ocupaban de ello, o si no, lo hacían los equipos de mantenimiento ciudadanos. (Yo trabajé para ellos un verano. Recuerdo haber cavado un poco más de la cuenta un día y cómo el capataz me dijo que echase el freno porque, según dijo: «Algunos de nosotros nos pasamos la vida haciendo esto»). La pura previsibilidad de la vida en una periferia estadounidense hizo que esperase —algo irresponsablemente— un huracán o un tornado o *algo* que exigiese que todos nos agrupásemos para sobrevivir. Algo que nos hiciera sentirnos como una tribu. Lo que yo deseaba no era destrucción y caos, sino lo contrario: solidaridad. Deseaba que se presentase la ocasión de demostrar mi valor a mi comunidad y a mis iguales, pero vivía en una época y en un lugar donde nada peligroso ocurrió nunca realmente. Sin duda esto era nuevo en la experiencia humana, pensaba. ¿Cómo te conviertes en adulto en una sociedad que no requiere sacrificios? ¿Cómo te haces un hombre en un mundo que no exige valor?

Estaba claro que esa clase de pruebas no se iban a dar en mi ciudad natal, pero colocarme en una situación en la que yo tuviese poco control —como viajar por el país en autostop— me parecía un sustituto aceptable.

Así es como me encontré en las afueras de Gillette, en Wyoming, una mañana de finales de octubre de 1986, con mi petate apoyado contra la barrera protectora y un mapa interestatal en el bolsillo trasero del pantalón. Los camiones traqueteaban por encima de los separadores del puente y se precipitaban hacia las Rocosas, distantes unas cien millas. Cruzaban camionetas con hombres en su interior que se volvían a mirar al pasar. Algunos bajaban el cristal de la ventanilla y me lanzaban botellas de cerveza que estallaban inofensivamente contra el asfalto.

En mi petate llevaba una tienda de campaña y un saco de dormir, un juego de ollas de aluminio y un hornillo sueco de *camping* que funcionaba con gasolina y que había que presurizar con una bomba. Aquello y comida para una semana era todo lo que llevaba encima en las afueras de Gillette, Wyoming, esa mañana, cuando vi a un hombre que se acercaba andando hacia mí procedente de la ciudad.

En la distancia, vi que vestía una vieja prenda de ropa interior de una sola pieza y tela acolchada y llevaba una tartera negra. Saqué las manos de los bolsillos y me volví de cara a él. Llegó a mi altura y se quedó allí estudiándome. Tenía el pelo revuelto y apelmazado y su ropa presentaba brillos de suciedad y grasa a la altura de los muslos. No parecía malintencionado, pero yo era joven y estaba solo y le miré como un halcón. Me preguntó a dónde me dirigía. —California —dije. Él asintió con un gesto de cabeza.

¿Cuánta comida tienes? —preguntó.

Pensé en la pregunta. Tenía mucha comida —con todas mis demás cosas—, y era evidente que él no tenía mucha. Yo habría dado comida a alguien que dijera que tenía hambre, pero no quería que me robaran, y eso es lo que me parecía que estaba a punto de suceder.

—Llevo un poco de queso. —Mentí. Y permanecí allí, preparado, pero él se limitó a mover la cabeza.

No podrás llegar a California solo con un poco de queso —dijo—. Necesitas algo más que eso.

El hombre me dijo que vivía en un coche averiado y que todas las mañanas caminaba unos cinco kilómetros hasta una mina de carbón de las afueras de la ciudad para ver si necesitaban reemplazar a algún trabajador. Algunos días lo necesitaban y otros días no, y el de hoy era uno de los días en que no. —Así que no voy a necesitar esto —dijo, abriendo su tartera negra. —Te vi desde la ciudad y solo quería asegurarme de que estabas bien.

La tartera contenía un bocadillo de mortadela, una manzana y una bolsa de patatas fritas. La comida, probablemente, procedía de alguna iglesia local. No tenía otra opción más que cogerla. Le di las gracias, guardé la comida en mi bolsa para más tarde y le deseé suerte. Entonces se dio la vuelta y emprendió el camino de vuelta hacia Gillette.

Seguí pensando en aquel hombre durante el resto de mi viaje. Seguí pensando en él durante toda mi vida. Había sido generoso, sí, pero mucha gente es generosa; lo que le hacía diferente era el hecho de que se había hecho *responsable* de mí. Me había visto desde lejos y había venido andando casi un kilómetro para asegurarse de que estaba bien. Robert Frost escribió, como es bien sabido, que el hogar es el sitio donde, cuando has de ir a él, tienen que recogerte. La palabra «tribu» es mucho más difícil de definir, pero en principio podría ser la gente con la que te sientes forzado a compartir la comida que te queda. Por razones que nunca sabré, el hombre de Gillette decidió tratarme como a un miembro de su tribu.

Este libro trata de por qué ese sentimiento es algo tan escaso y valioso en la sociedad moderna, y cómo nos ha afectado a todos su carencia. También trata de lo que podemos aprender de las sociedades tribales sobre lealtad y pertenencia y la eterna búsqueda humana de sentido. Y trata de por qué, para mucha gente, la guerra es mejor que la paz y la adversidad puede convertirse en una gran bendición y los desastres a veces se recuerdan más cariñosamente que las bodas o unas vacaciones en el trópico.

A los humanos no les importa la adversidad; de hecho, crecen en ella; lo que les afecta es no sentirse necesarios. La sociedad moderna ha perfeccionado el arte de hacer que la gente no se sienta necesaria.

Y ya es hora de que eso se acabe.

01

LOS HOMBRES Y LOS PERROS

Quizás el hecho singular más sorprendente sobre Estados Unidos sea que, única entre las naciones modernas que se han convertido en potencias mundiales, lo logró mientras se abría paso entre casi cinco mil kilómetros de tierra totalmente salvaje poblada por tribus de la Edad de Piedra. Desde el conflicto armado entre indios americanos habitantes de la actual Nueva Inglaterra y los colonos ingleses y sus aliados nativos americanos en el siglo XVII, conocido como la guerra de King Philip (que fue el nombre adoptado por el principal líder del bando indio americano, Metacomet), hasta los últimos robos de ganado de los apaches cruzando el río Bravo en 1924, Estados Unidos libró una batalla permanente contra una población nativa que apenas había cambiado, tecnológicamente, en 15.000 años. Durante el curso de tres siglos, Estados Unidos se convirtió en una floreciente sociedad industrial atravesada por la división de clases y la injusticia racial, pero cohesionada por un corpus legal que, al menos en teoría, consideraba iguales a todas las personas. Los indios, por otro lado, vivían en comunidad en campamentos móviles o semipermanentes gobernados más o menos por consenso y ampliamente igualitarios. La autoridad individual se ganaba, más que detentarse por la fuerza, y se imponía únicamente a personas que estaban dispuestas a aceptarla. Si a alguien no le gustaba, era libre de marcharse a cualquier otra parte.

La proximidad de estas dos culturas a lo largo de muchas generaciones representaba para ambos lados una rigurosa opción sobre cómo vivir. Hacia finales del siglo XIX, en Chicago se construían fábricas y en Nueva York arraigaban los barrios pobres, mientras que los indios guerreaban con lanzas y hachas a unos dos mil kilómetros de distancia. Algo dice de la naturaleza humana que un sorprendente número de estadounidenses —en su mayoría hombres— acabara uniéndose a la sociedad india en vez de permanecer en la suya propia. Emulaban a los indios, se casaban con ellos, eran adoptados por ellos, y en ocasiones hasta luchaban a su lado. Lo contrario casi nunca ocurrió: los indios casi nunca escapaban para unirse a la sociedad blanca. La emigración siempre pareció ir de lo civilizado a lo tribal, lo que desconcertó a los pensadores occidentales a la hora de explicar semejante rechazo aparente de su sociedad.

«Cuando un niño indio se ha criado entre nosotros, se le ha enseñado nuestra lengua y habituado a nuestras costumbres —escribía Benjamin Franklin a un amigo en 1753—, [incluso] si solo va a ver a sus parientes y da un paseo con ellos, no hay manera de persuadirle para que vuelva». Por otro lado, seguía escribiendo Franklin, a los prisioneros blancos liberados de los indios era casi imposible retenerlos en casa: «Aquellos rescatados por sus amigos, y tratados con toda la ternura imaginable para convencerlos de quedarse entre los ingleses, pues ocurre que al poco tiempo se sienten disgustados con nuestra manera de vivir [...] y aprovechan la primera buena oportunidad que tengan para escapar de nuevo a los bosques».

La preferencia, entre muchos blancos, por la vida tribal fue un problema que incidió de forma desgarradora durante las guerras fronterizas de Pensilvania en la década de 1760. En la primavera de 1763, un líder indio llamado Pontiac convocó un consejo de tribus junto al pequeño río Écorces, cerca del antiguo puesto comercial francés de Detroit, en lo que actualmente es el estado de Michigan. El constante avance de asentamientos blancos era una amenaza que unificó a las tribus indias en formas que ningún periodo de paz y prosperidad podía lograr, y Pontiac pensaba que, con una alianza lo suficientemente amplia, podría hacer retroceder a los blancos al lugar que habían ocupado una o dos generaciones antes. Entre los indios se contaban cientos de colonos blancos que habían sido capturados por comunidades fronterizas y adoptados por las tribus. Algunos estaban conformes con sus nuevas familias y otros no, pero colectivamente constituían una enorme preocupación política para las autoridades coloniales.

El encuentro de las tribus fue coordinado por corredores que podían cubrir casi doscientos kilómetros en un día y que entregaban como regalos tabaco y cinturones de abalorios junto con el mensaje de reunirse urgentemente en asamblea. El trenzado de las cuentas de los cinturones estaba hecho de tal manera que incluso las tribus distantes entendieran que la reunión estaba fijada para el decimoquinto día de *Iskigamizige-Giizis*, la luna que hace hervir la savia. Grupos de indios se desplazaron hacia Rivière aux Écorces y acamparon a lo largo de las orillas del río hasta que, finalmente, en la mañana de lo que los colonos ingleses conocían como el 27 de abril, los ancianos empezaron a pasar a través del campamento llamando a los guerreros a consejo. «Salieron de sus cabañas: las altas y desnudas figuras de los salvajes ojibwas, con los carcajes colgados a la espalda y ligeros palos de guerra descansando en sus brazos —escribió un siglo más tarde el historiador Francis Parkman—; los ottawas, ceñidos en sus llamativas mantas; los wyandotes, agitándose con sus camisas llamativas, sus cabezas adornadas con plumas y sus mallas adornadas con campanillas. Enseguida estuvieron todos sentados en la hierba dentro de un amplio círculo, en filas concéntricas, una asamblea grave y silenciosa».

Pontiac era conocido por la altura de su oratoria, y hacia el final del día había convencido a los guerreros reunidos de que el futuro de su gente estaba en juego. Trescientos guerreros marcharon sobre la fortaleza inglesa mientras otros 2.000 luchadores esperaban la señal de ataque en el bosque. Después de intentar tomar el fuerte con sigilo, se retiraron y atacaron desnudos y entre alaridos, con balas en la boca para facilitar la recarga. El intento fracasó, pero poco después la guerra estalló en toda la frontera. Prácticamente todos los fuertes y empalizadas desde el alto Allegheny hasta Blue Ridge fueron asaltados simultáneamente. Le Boeuf, Venango, Presque Isle, La Baye, St. Joseph, Miamis, Ouchtanon, Sandusky y Michilimackinac fueron invadidos y sus defensores masacrados. Partidas de arrancadores de cabelleras se diseminaron por los bosques y descendieron hasta las remotas granjas y asentamientos por toda la escarpadura oriental, matando aproximadamente a 2.000 colonos. Los supervivientes huyeron en dirección hacia el este hasta la frontera de Pensilvania, que empezaba en Lancaster y Carlisle.

La respuesta inglesa fue lenta pero imparable. Los remanentes de la 42.ª y 77.ª División de Infantería de Montaña, que acababan de regresar de acciones militares en Cuba, fueron congregados en los barracones militares de Carlisle y preparados para la marcha de más de 300 kilómetros hasta Fort Pitt. Se les unieron 700 milicianos locales y 30 exploradores y cazadores rurales. Se suponía que la infantería de montaña tenía que proteger los flancos de la columna, pero pronto se les retiró de la tarea porque se perdían una y otra vez en los bosques. El comandante era un joven coronel suizo llamado Henri Bouquet que había combatido en Europa y se había unido a los ingleses para promocionar su carrera. Sus órdenes eran sencillas: avanzar por Pensilvania, con hombres que despejaban con hachas el camino para los carros, y reforzar Fort Pitt y otras guarniciones asediadas en la frontera. No había que hacer prisioneros. A las mujeres y los niños nativos había que capturarlos y venderlos como esclavos. Y había que pagar recompensas por cualquier cabellera, femenina o masculina, que los colonos blancos lograsen arrancar de una cabeza india.

El ejército de Bouquet salió atropelladamente de Carlisle en julio de 1763, y en unos cuantos meses había derrotado a los indios en Bushy Run y reforzado Fort Pitt y otras guarniciones periféricas. Al verano siguiente llevaron su campaña al corazón del territorio indio. A veces cubriendo ocho kilómetros, y otras cubriendo dieciséis, las tropas de Bouquet labraron su senda a través del fértil y llano camino de la cuenca del río Ohio. Atravesaron grandes mesetas de árboles de hoja caduca y sabanas abiertas alimentadas por innumerables arroyos y ríos. Algunos de los ríos tenían playas de grava que se extendían a lo largo de muchos kilómetros y permitían el paso cómodo a los carromatos de suministros. El bosque carecía en su mayor parte de maleza y los hombres, a pie o a caballo, pasaban fácilmente. Lo que atravesaban era una especie de paraíso, y los diarios de Bouquet mencionan la belleza natural de la tierra casi en cada página.

Hacia mediados de octubre, Bouquet había alcanzado el río Muskegham, en lo profundo del territorio de shawnees y delawares, y una delegación india se reunió con él para demandar la paz. Con la esperanza de intimidarles, Bouquet desplegó sus fuerzas en un campo adyacente: fila tras fila de hombres en armas con las bayonetas caladas; montañeses con faldas escocesas formados tras las banderas de sus regimientos; y docenas de pioneros vestidos a semejanza de los indios y apoyados confiadamente en sus rifles de una manera que debía de ser enormemente tranquilizadora para un coronel europeo en tierra salvaje.

En primer lugar, Bouquet exigió la vuelta inmediata de todos los prisioneros blancos; cualquier demora se consideraría una declaración de guerra. Durante las siguientes semanas, los indios entregaron a unos 200 cautivos, más de la mitad de ellos mujeres y niños, y muchos eran demasiado jóvenes como para recordar haber vivido de otra manera. Algunos habían olvidado sus nombres de pila y se les inscribió en el registro con descripciones tales como Chaquetarroja, Cabezagrande, Bocaulcerada y Ciruelasácidas. Docenas de parientes blancos de los desaparecidos habían acompañado a las fuerzas de Bouquet desde Fort Pitt, y además de las muchas reuniones alegres, también se produjeron escenas desgarradoras de aflicción y confusión: mujeres jóvenes casadas con hombres indios plantadas de mala gana frente a sus anteriores familias; niños que gritaban cuando se les separaba de su parentela india y se les entregaba a gente a la que no reconocían y a la que probablemente consideraban enemiga.

Los indios parecían todos angustiados por entregar a los miembros de su familia, y cuando finalmente el ejército de Bouquet levantó el campamento para volver a Fort Pitt a principios de noviembre, muchos siguieron tras la columna, cazando piezas para sus seres queridos y tratando de retrasar el adiós final lo más posible. Un guerrero mingo se negó a apartarse del lado de una joven de Virginia a pesar de las advertencias de que su anterior familia le mataría si le veía. «No se puede negar que había incluso algunas personas adultas que mostraban poca disposición a volver —admitió William Smith, coetáneo de Bouquet, sobre algunos de los cautivos blancos—. A los shawnees se les obligó a atar a varios de sus prisioneros... y unas cuantas mujeres, que ya habían sido entregadas, después hallaron la manera de escapar y regresar a las aldeas indias».

La renuencia de los prisioneros de Bouquet para abandonar su tribu de adopción suscitó incómodos interrogantes sobre la supuesta superioridad de la sociedad occidental. Se entendía por qué los niños pequeños no querían volver con sus familias originarias, y tenía sentido que renegados como el infame Simon Girty buscasen después refugio entre los indios y llegasen hasta a luchar a su lado. Pero como señaló Benjamin Franklin, se dio el caso de numerosos colonos que habían sido capturados ya en edad adulta y, sin embargo, parecían preferir la sociedad india a la suya propia. ¿Y qué decir de las personas que se habían unido *voluntariamente* a los indios? ¿Y de los hombres que habían cruzado la línea de árboles y jamás regresaron a su hogar? La frontera estaba llena de hombres que se habían unido a las tribus indias, habían desposado a mujeres indias, y vivido sus vidas completamente fuera de la civilización.

«Miles de europeos son indios, y no tenemos ningún ejemplo de siquiera uno de esos aborígenes que haya elegido convertirse en europeo —se lamentaba en 1782 el emigrante francés Hector de Crèvecoeur—. Tiene que existir en su vínculo social algo singularmente cautivador y muy superior a cualquier cosa de la que nos jactamos entre nosotros».

Crèvecoeur parecía haber comprendido que la naturaleza profundamente comunitaria de una tribu india ejercía un atractivo con el que las ventajas materiales de la civilización occidental no podían en modo alguno competir. Si estaba en lo cierto, ese problema empezó tan pronto como los europeos tocaron las costas americanas. Ya en 1612, las autoridades españolas advirtieron con sorpresa que cuarenta o cincuenta virginianos se habían casado en las tribus indias, y que incluso mujeres inglesas se estaban mezclando abiertamente con los nativos. A la sazón, los blancos solamente llevaban unos pocos años en Virginia, y muchos de los que se unieron a los indios habían nacido y se habían criado en Inglaterra. No se trataba de rudos hombres de frontera que se escabullían para unirse a los salvajes; eran los hijos y las hijas de Europa.

«A pesar de que las mujeres indias tienen que procurarse el pan y la leña, y tienen que cocinar, su tarea probablemente no es más dura que la de las mujeres blancas», escribió una cautiva de los senecas llamada Mary Jemison al final de su larga vida. Jemison, que había sido arrebatada de la granja de su familia en la frontera de Pensilvania a la edad de quince años, quedó tan enamorada de la vida seneca que en una ocasión se escondió de una partida blanca de exploradores que había llegado buscándola. «No teníamos un amo que nos supervisara o nos guiara, así que podíamos trabajar tan pausadamente como deseáramos —explicó—. Ningún pueblo podía vivir más feliz que los indios en tiempos de paz... Sus vidas son una continua serie de placeres».

En un intento por contener el flujo de gente joven que se adentraba en los bosques, Virginia y otras colonias impusieron severas penas a quien se uniera a los indios. Los líderes puritanos de Nueva Inglaterra encontraban particularmente mortificante que alguien pudiera dar la espalda a la sociedad cristiana: «La gente está dispuesta a correr salvaje por los bosques de nuevo y ser más pagana que nunca si no se les impide», se quejaba uno de los primeros puritanos llamado Increase Mather en un panfleto denominado *Discourse Concerning the Danger of Apostasy* (Discurso sobre el peligro de la apostasía). Mather fue uno de los primeros administradores de Harvard que se pasó la vida combatiendo —y criminalizando— cualquier relajación del código moral puritano. Fue una batalla inútil. La naturaleza de la frontera era que no dejaba de expandirse más allá del alcance de la Iglesia y el Estado, y en los márgenes, la gente tendía a hacer lo que quería.

La forma de vida india estaba claramente adaptada a la tierra salvaje, y no pasó mucho tiempo antes de que los hombres de frontera empezasen a quitarse la vestimenta europea y a emular abiertamente a la gente a la que a menudo se referían como «salvajes». Se vestían con piel de ante y zahones y llavaban calzones de tejido de muselina entre las piernas. Algunos incluso iban a la iglesia los domingos así ataviados, lo que distraía tanto a las muchachas de una de las iglesias que su pastor las acusó de no prestar atención a sus sermones. Los hombres fumaban tabaco y llevaban hachas al cinto y aprendían las lenguas y las costumbres indias. Aprendieron a descubrir y seguir sigilosamente a la caza y a moverse rápida y silenciosamente por los bosques, y adoptaron lo que los puritanos denominaban desdeñosamente «guerra de merodeo». Luchaban desde la ocultación como individuos más que alineados como soldaditos de plomo. «Los hombres y los perros no lo pasan mal, pero las pobres mujeres tienen que padecer», escribió la esposa de un pionero a su hermana sobre la vida en la frontera. Se quejaba de que su marido —un hombre llamado George— se negaba a hacer una cuna de madera para su hijo recién nacido, y se había limitado a darle, en su lugar, un tronco vaciado. La única camisita del crío estaba tejida de corteza de ortiga y la almohada era de madera tallada. Cuando la madre le advirtió que le estaban saliendo sarpullidos y llagas, George respondió que esas dificultades simplemente le harían más duro para cazar cuando fuera algo mayor. «George se ha hecho con una camisa y unos pantalones de ante —añadía la mujer—. Se va de caza de día y de noche».

Para la gente de la sociedad moderna es fácil idealizar la vida india, y también pudo haberlo sido para hombres como George. Es un impulso del que habría que desconfiar. Prácticamente todas las tribus indias hacían la guerra a sus vecinos y ejecutaban formas de tortura profundamente odiosas. Los prisioneros a los que no se les liquidaba a hachazos en el acto podían esperar ser destripados y atados a un árbol con sus propios intestinos o asados a fuego lento hasta la muerte o sencillamente hechos trozos a machetazos y echados vivos como alimento a los perros. Si se puede concebir algún atenuante para semejante crueldad sería que, en la Europa de la época, la Inquisición española también andaba ocupada ejecutando el mismo tipo de barbarie en nombre de la Iglesia católica. Los infieles solían ser quemados vivos en la hoguera, descoyuntados en el potro, serrados por la mitad a lo largo, o empalados lentamente en estacas de madera del ano a la boca. La Reforma protestante cambió muchas cosas en la cristiandad, pero no su capacidad para la crueldad, y los tempranos líderes puritanos de Nueva Inglaterra también se hicieron célebres por su dura justicia. La crueldad, en otras palabras, era la norma de la época, y las tribus nativas de Norteamérica no eran una excepción.

Sin embargo, a otros niveles, no parece que hubiese competencia con el atractivo de los indios. Cazar era, obviamente, más variado e interesante que arar campos. Las costumbres sexuales eran más relajadas que en las tempranas colonias (en el siglo XVII, a los chicos de las colonias de Cape Cod se les azotaba en público si se les sorprendía hablando con una chica con la que no estuviese emparentado). La ropa india era más cómoda, la religión india era menos dura, y la sociedad india era esencialmente igualitaria y sin clases. A medida que la frontera avanzaba por Norteamérica, de las montañas de Allegheny, pasando por las Grandes Llanuras y las Rocosas hasta, finalmente, la Costa Oeste, generaciones sucesivas de pioneros fueron objeto de captura y adopción por parte de tribus indias —o, sencillamente, huían para unirse a ellas—.

De entre todas las tentaciones de la vida nativa, una de las más convincentes pudo haber sido su fundamental igualitarismo. La propiedad personal solía estar limitada a lo que pudiese transportarse a caballo o a pie, por lo que era difícil acumular grandes desigualdades de riqueza. Los cazadores más afortunados y los guerreros podían mantener múltiples esposas, pero a diferencia de la sociedad moderna, generalmente dichas ventajas no pasaban a las siguientes generaciones. El estatus social se adquiría a través de la caza y la guerra, a los que todos los hombres tenían acceso, y las mujeres tenían mucha más autonomía y libertad sexual —y parían menos hijos— que las mujeres en la sociedad blanca. «Aquí no tengo amo —dijo una mujer colonial anónima sobre su vida con los indios, según citó el secretario de la legación francesa—. Soy igual que todas las demás mujeres de la tribu, hago lo que me place sin que nadie diga nada sobre ello, solo trabajo para mí misma, me casaré si quiero y me separaré de nuevo cuando lo desee. ¿Hay alguna mujer tan independiente como yo en vuestras ciudades?».

Precisamente por estas libertades básicas, los miembros de la tribu tendían a ser excesivamente leales. Un cautivo blanco de la nación kickapoo que llegó a ser conocido como John Dunn Hunter escribió que nunca había oído ni un solo episodio de traición contra la tribu, y como resultado, los castigos por ese tipo de transgresiones simplemente no existían. Pero la cobardía se castigaba con la muerte, como el asesinato dentro de la tribu o cualquier clase de comunicación con el enemigo. Era un sencillo *ethos* que promovía la lealtad y el valor por encima de todas las demás virtudes, y consideraba la preservación de la tribu una tarea casi sagrada.

Y lo era, ciertamente.

La cuestión para la sociedad occidental no es tanto por qué la vida tribal podía ser tan atractiva —lo que resulta evidente—, sino por qué la sociedad occidental es tan *poco* atractiva. A nivel material, claramente es más acomodada y protegida frente a las adversidades del mundo natural. Pero a medida que las sociedades se hacen más ricas, tienden a exigir más, en lugar de menos, tiempo y compromiso del individuo, y es posible que mucha gente sienta que la riqueza y la seguridad simplemente no son un buen trueque a cambio de la libertad. Un estudio en la década de 1960 concluyó que el pueblo !Kung, nómadas del desierto de Kalahari solamente necesitaban trabajar doce horas a la semana para sobrevivir —apenas una cuarta parte de las horas que el ejecutivo medio urbano de la época—. «El "campamento" es una agregación abierta de personas que cooperan y que cambia de tamaño y composición de un día para el otro —observó, admirado, el antropólogo Richard Lee en 1968—. Los miembros salen cada día a cazar y recolectar, y vuelven por la tarde para compartir los alimentos recogidos, de tal manera que cada una de las personas presentes recibe una porción equitativa [...]. Debido al fuerte énfasis en compartir, y a la frecuencia de movimiento, la acumulación de superávit [...] se mantiene en un mínimo».

El Kalahari es uno de los ambientes más duros del mundo, y los !Kung han sido capaces de seguir llevando una existencia propia de la Edad de Piedra hasta bien entrados los setenta precisamente porque nadie más quería vivir allí. Los !Kung estaban tan bien adaptados a su ambiente que durante las épocas de sequía los habitantes de las granjas cercanas y los ganaderos abandonaban su subsistencia para unirse a ellos en la maleza, porque la recolección y la caza eran una fuente de alimento más fiable. El ritmo relativamente relajado de la vida !Kung —incluso en tiempos de adversidad— desafió ideas muy consolidadas sobre si la sociedad moderna creaba un excedente de tiempo libre. Creaba exactamente lo contrario: un ciclo desesperado de trabajo, obligaciones económicas y más trabajo. Los !Kung tenían muchas menos pertenencias que los occidentales, pero sus vidas estaban bajo mucho mayor control personal.

Entre los antropólogos, se considera que los !Kung representan una imagen bastante precisa de cómo vivieron nuestros antepasados homínidos durante más de un millón de años antes de la aparición de la agricultura. En los humanos, las adaptaciones genéticas tardan unos 25.000 años en aparecer, de manera que los enormes cambios que llegaron con la agricultura en los últimos 10.000 años apenas acaban de empezar a afectar nuestro acervo génico. Con toda probabilidad los primeros humanos habrían vivido en grupos nómadas de unos cincuenta individuos, a semejanza de los !Kung. Habrían experimentado gran cantidad de heridas y muertes accidentales. Habrían contrarrestado el comportamiento dominante de los machos mayores formando coaliciones dentro del grupo. Habrían sido totalmente intolerantes frente a la acumulación o el egoísmo. Habrían soportado ocasionalmente episodios de hambre, violencia y dureza. Habrían practicado con extrema implicación e intimidad el cuidado de los niños. Y lo habrían hecho casi todo en compañía de otros. Casi nunca habrían estado solos.

Primero la agricultura y después la industria cambiaron dos cosas fundamentales de la experiencia humana. La acumulación de propiedad personal permitió a la gente tomar opciones cada vez más individualistas sobre sus vidas, e, inevitablemente, dichas opciones redujeron los esfuerzos del grupo tendentes al bien común. Y a medida que la sociedad se modernizó, la gente se fue sintiendo capaz de vivir independientemente de cualquier grupo comunitario. Una persona que viva en una ciudad moderna o en una periferia puede, por primera vez en la historia, pasar un día entero —o una vida entera— encontrándose mayormente con completos extraños. Puede estar rodeada de gente y, sin embargo, sentirse profunda y peligrosamente sola.

La evidencia de lo duro que esto es para nosotros es abrumadora. Aunque la felicidad es notoriamente subjetiva y difícil de medir, la enfermedad mental no lo es. Numerosos estudios interdisciplinares han demostrado que la sociedad moderna —a pesar de sus casi milagrosos avances en medicina, ciencia y tecnología— está aquejada de algunas de las tasas más altas de depresión, esquizofrenia, salud precaria, ansiedad y soledad crónica de la historia humana. A medida que aumentan la riqueza y la urbanización, las tasas de depresión y suicidio tienden a *subir* en lugar de bajar. Más que amortiguar la caída en la depresión clínica, el incremento de la riqueza en una sociedad parece fomentarla.

El suicidio es difícil de estudiar entre los pueblos tribales no culturizados porque los exploradores que primero entraron en contacto con ellos raramente llevaron a cabo investigaciones etnográficas rigurosas. Dicho esto, hay escasísima evidencia de suicidio por depresión en sociedades tribales. Entre los indios americanos, por ejemplo, el suicidio se entendía aplicable en reducidas circunstancias: en la edad avanzada para evitar ser una carga para la tribu, en los paroxismos de aflicción rituales como consecuencia de la muerte de un cónyuge, en una batalla desesperada aunque heroica contra un enemigo, y en un intento de evitar la agonía de la tortura. Entre las tribus en que la viruela hacía estragos, también se entendía que una persona con la cara espantosamente desfigurada por las lesiones pudiera matarse. Según *The Ethics of Suicide: Historical Sources* (La ética del suicidio: fuentes históricas), los tempranos cronistas de los indios americanos no pudieron encontrar otros ejemplos de suicidio que tuviesen su raíz en causas psicológicas. Las primeras fuentes informan de que los bella coolas, los ojibwas, los montagnais, los arapahoes, los plateau yumas, los paiutes del Sur y los zuñis, entre muchos otros, no experimentaron ningún suicidio.

Esto supone un duro contraste con muchas sociedades modernas, en las que la tasa de suicidio es del orden de 25 casos por cada 100.000 personas. (En Estados Unidos, los hombres blancos de mediana edad presentan la tasa más alta, con casi 30 suicidios por cada 100.000). Según una encuesta global realizada por la Organización Mundial de la Salud (OMS), la gente de los países ricos padece una tasa de depresión ocho veces mayor que la de los países pobres, y los ciudadanos de países con grandes desigualdades sociales —como Estados Unidos— tienen un riesgo mucho mayor de padecer graves trastornos del estado de ánimo a lo largo de su vida. Un estudio de 2006, que comparaba las tasas de depresión en Nigeria con las de Norteamérica, concluía que las mujeres de las zonas rurales tenían menos probabilidad de deprimirse que sus equivalentes urbanas. Y las mujeres de la Norteamérica urbana —el grupo demográfico más abundante del estudio— eran las que tenían *más* probabilidades de padecer depresión.

El mecanismo parece simple: los pobres están obligados a compartir tiempo y recursos entre sí más de lo que lo hacen los ricos, y como resultado viven en comunidades más unidas. La pobreza interdependiente acarrea sus propias tensiones —y, ciertamente, no es el ideal estadounidense— pero está mucho más cerca de nuestra herencia evolutiva que la riqueza. Una persona rica que nunca haya tenido que depender de la ayuda y recursos de su comunidad lleva una vida privilegiada que está apartada más de un millón de años de la experiencia humana. La independencia económica puede conducir al aislamiento, y el aislamiento puede poner a la gente en mayor riesgo de depresión y suicidio. Esto puede ser un intercambio justo por una sociedad generalmente más rica..., pero es un intercambio.

El efecto psicológico de otorgar semejante importancia a la riqueza puede verse en el microcosmos de la profesión legal. En 2015, la *George Washington Law Review* (Revista de derecho George Washington) realizó una encuesta entre más de 6.000 abogados y descubrió que el éxito convencional de la profesión legal —como las horas cobradas a precios altos o llegar a ser socio de un despacho de abogados— no tenía ninguna correlación en absoluto con los niveles de felicidad y bienestar, según declaraban los propios letrados. De hecho, los abogados de oficio, que tienen un estatus muy inferior al de los abogados de grandes bufetes, parecen llevar vidas significativamente más felices. Los resultados están en línea con algo denominado teoría de la autodeterminación, que sostiene que los seres humanos necesitan tres cosas básicas para estar satisfechos: necesitan sentirse competentes en lo que hacen; necesitan sentirse auténticos en sus vidas; y necesitan sentirse conectados a otros. Estos valores se consideran «intrínsecos» a la felicidad humana y pesan mucho más que valores «extrínsecos» como la belleza, el dinero y el estatus.

Dicho lisa y llanamente, la sociedad moderna parece enfatizar los valores extrínsecos por encima de los intrínsecos, y como resultado los temas de salud mental se niegan a reducirse con la creciente riqueza. Cuanto más integrada esté una persona en la sociedad estadounidense, más probabilidades tiene de desarrollar depresión durante el curso de su vida, independientemente de la etnia a la que pertenezca. Los mexicanos nacidos en Estados Unidos son más ricos que los mexicanos nacidos en México, pero tienen mayores probabilidades de sufrir depresión. Al igual que los abogados corporativos, pueden tener más dificultades para acceder a los tres pilares de la autodeterminación —autonomía, competencia y comunidad— y acaban con tasas más altas de depresión. En cambio, la sociedad de los amish[1] tiene una tasa de depresión extremadamente baja porque, se supone, muchos amish permanecen totalmente al margen y sin integrarse en la sociedad moderna —hasta el extremo de que ni siquiera conducen coches—.

«Las fuerzas económicas y mercantiles de la sociedad moderna han organizado un entorno [...] que maximiza el consumo al precio del bienestar a largo plazo —concluía un estudio de 2012 en el *Journal of Affective Disorders* (Revista de trastornos afectivos). En efecto, los humanos han arrastrado un cuerpo poseedor de una larga historia homínida hasta un entorno sobrealimentado, malnutrido, sedentario, falto de luz solar, falto de sueño, competitivo, desigual y que aísla socialmente con nefastas consecuencias».

Los alienantes efectos de la riqueza y la modernidad sobre la experiencia humana empiezan prácticamente al nacer y nunca aflojan. Las madres en las sociedades de cazadores-recolectores llevaban encima a sus hijos hasta un 90 por ciento del tiempo, lo que difícilmente se corresponde con tasas de acarreo entre otros primates. Podemos hacernos una idea de lo importante que es este

---

[1] Agrupación religiosa anabaptista conocida principalmente por su vida sencilla y su resistencia a adoptar comodidades y tecnología moderna. (*N. de la T.*)

tipo de contacto para los primates por un, tristemente célebre, experimento llevado a cabo en la década de 1950 por el primatólogo y psicólogo Harry Harlow. Bebés de macaco Rhesus fueron separados de sus madres y se les ofrecieron dos clases de sustitutos: una mamá adorable de peluche o una madre poco atractiva, hecha de estropajo de aluminio. Sin embargo, la mamá de estropajo de aluminio tenía un pezón que proporcionaba leche tibia. Los niños tomaban su alimento tan rápidamente como podían y luego volvían a agarrarse corriendo a la madre de peluche, que era lo suficientemente suave como para sugerir la ilusión del afecto. Está claro, el tacto y la cercanía son vitales para la salud de los bebés primates —incluidos los humanos—.

Durante la década de 1970, en Estados Unidos, las madres solo mantenían el contacto directo piel con piel con sus bebés un 16 por ciento del tiempo, que es un nivel que las sociedades tradicionales probablemente considerarían una forma de maltrato infantil. También sería impensable la moderna práctica de dejar que los niños pequeños duerman solos. Según dos estudios estadounidenses sobre familias de clase media durante la década de 1980, el 85 por ciento de los niños pequeños dormía solo en su propia habitación —cifra que subía hasta el 95 por ciento entre familias consideradas «bien educadas»—. Las sociedades del norte de Europa, Norteamérica incluida, son las únicas en la historia que permiten que tal cantidad de niños duerman solos. Se considera que el aislamiento hace que muchos niños desarrollen intensos vínculos con animales de peluche para consolarse. Únicamente en las sociedades del norte de Europa los niños atraviesan la bien conocida etapa de vinculación a animales de peluche; en otras partes, los niños logran su sensación de seguridad de los adultos que duermen cerca de ellos.

El propósito de hacer que los niños duerman solos, según los psicólogos occidentales, es lograr que se «alivien solos», pero eso va claramente en dirección opuesta a nuestra evolución. Los humanos son primates —compartimos el 98 por ciento de nuestro ADN con los chimpancés— y los primates casi nunca dejan a los pequeños desatendidos, porque serían extremadamente vulnerables frente a los depredadores. Los pequeños parecen saber esto instintivamente, por lo que dejarles solos en una habitación oscura es terrorífico para ellos. Compárese el método de «autoalivio» con el de una comunidad maya tradicional de Guatemala: «Los bebés y los niños sencillamente se duermen cuando tienen sueño, no llevan ropa específica para dormir ni usan los tradicionales objetos de transición, comparten habitación o duermen junto con los padres o los hermanos, y se alimentan cuando lo solicitan durante la noche». Otro estudio señala sobre Bali: «A los bebés se les estimula para que adquieran pronto la capacidad de dormir en cualquier circunstancia, incluso en situaciones de alta estimulación, actuaciones musicales y otras prácticas ruidosas que reflejan su integración más completa en las actividades sociales adultas».

Al tiempo que la sociedad moderna reducía el papel de la comunidad, iba elevando el papel de la autoridad. Ambas son compañeras incómodas, ya que cuando una aumenta la otra tiende a disminuir. En 2007, el antropólogo Christopher Boehm publicó un análisis de 154 sociedades recolectoras que se consideraban representativas de nuestro pasado ancestral, y uno de sus aspectos más comunes era la ausencia de importantes desigualdades de riqueza entre individuos. Otro era la ausencia de autoridad arbitraria. «La vida social es políticamente igualitaria en el sentido de que siempre hay baja tolerancia, por parte de los varones maduros de un grupo, con otro de ellos que domine, mande o denigre a los demás —observaba Boehm—. La conciencia humana evolucionó del Pleistoceno Medio hacia el Inferior como resultado de [...] la caza de piezas mayores. Ello requería [...] compartir la carne de forma cooperativa en el grupo».

Como los recolectores tribales tienen una alta movilidad y pueden cambiar fácilmente entre diferentes comunidades, la autoridad es casi imposible de imponer sobre los que no la aceptan voluntariamente. E incluso sin esa opción, a los varones que intentan controlar el grupo —o la reserva de alimentos— a menudo se les enfrenta una coalición de otros varones. Se trata de un comportamiento antiguo y adaptativo que tiende a mantener unidos y equitativamente atendidos a los grupos. En su estudio sobre sociedades de tipo ancestral, Boehm descubrió que —además del asesinato y el robo— una de las infracciones más comúnmente castigadas era la «negativa a compartir». Aprovecharse del trabajo duro de otros y el acoso también ocupaban algunos de los primeros lugares de la lista. Los castigos incluían el escarnio público, el alejamiento y, finalmente, el «asesinato del culpable a manos de todo el grupo».

Una pintura rupestre descubierta en España, perteneciente al Holoceno temprano, muestra diez figuras con arcos en las manos y una figura solitaria tendida en tierra con lo que parecen ser diez flechas clavadas en su cuerpo. La composición sugiere poderosamente una ejecución y no una muerte en combate. Boehm señala que entre los grupos recolectores actuales, la ejecución en grupo es una de las formas más comunes de castigar a los varones que intentan exigir para sí una parte desproporcionada de los recursos del grupo. La investigación de Boehm le ha llevado a la convicción de que buena parte de la base evolutiva del comportamiento moral surge de la presión del grupo. No solo se castigan las malas acciones, sino que se recompensan las buenas. Cuando una persona hace algo por otra —un acto prosocial, como se denomina—, es recompensada no solo con la aprobación del grupo, sino también por un aumento de la dopamina y otras hormonas placenteras en su sangre. Por ejemplo, la cooperación grupal dispara niveles más altos de oxitocina, una hormona que promueve desde la lactancia en las mujeres hasta mayores niveles de confianza y vinculación grupal en los hombres. Ambas reacciones proporcionan una poderosa sensación de bienestar. La oxitocina crea un bucle de retroalimentación de buenas sensaciones y lealtad de grupo que, finalmente, conduce a sus miembros hasta el «autosacrificio para promover el bienestar del grupo», en palabras de un estudio. Los homínidos que cooperaban unos con otros —y castigaban a quien no lo hacía— debieron de haber superado en el combate, la caza y la alimentación a todos los demás. Estos son los homínidos de los que descienden los modernos humanos.

Por eso, es revelador contemplar la sociedad moderna a través del prisma de más de un millón de años de cooperación humana y recursos compartidos. Los cazadores de subsistencia no son necesariamente más éticos que otra gente; simplemente no pueden mantener comportamientos egoístas porque viven en grupos pequeños donde casi todo está expuesto al escrutinio. Por otro lado, la sociedad moderna es un desorden descontrolado y anónimo donde la gente puede llegar a niveles increíbles de deshonestidad y salirse con la suya sin ser atrapados. Lo que los pueblos tribales considerarían una profunda traición del grupo, la sociedad moderna simplemente lo tilda de fraude. Por ejemplo, aproximadamente un 3 por ciento de personas que perciben el subsidio de desempleo engaña intencionadamente al sistema, lo que en Estados Unidos representa un coste de más de 2.000 millones de dólares al año. Semejante abuso sería inmediatamente castigado en una sociedad tribal. El fraude en prestaciones sociales y otros programas de ayudas se estima en aproximadamente la misma tasa, lo que representa otros 1.500 millones de dólares de pérdidas anuales. Sin embargo, esa cifra queda eclipsada por el fraude en Medicare y Medicaid,[2] que, según estimaciones prudentes, supone el 10 por ciento del total de pagos —es decir, unos 100.000 millones al año—. Otras estimaciones llegan a doblar o triplicar esa cifra.

El fraude en el sector de las aseguradoras se calcula entre 100.000 y 300.000 millones al año, coste que se traspasa directamente a los consumidores en forma de primas más altas. Sumando las cifras de los sectores público y privado, el fraude cuesta a cada familia de Estados Unidos probablemente unos 5.000 dólares al año —lo que supone casi el equivalente a trabajar cuatro meses con el salario mínimo—. Una comunidad de cazadores-recolectores que perdiese el equivalente a cuatro meses de comida se enfrentaría a una grave amenaza a su supervivencia, y su castigo contra las personas que hubiesen causado semejante adversidad sería inmediata y probablemente muy violento.

Los occidentales viven en una sociedad compleja, y las oportunidades para defraudar cantidades de dinero relativamente pequeñas por abajo son casi infinitas —y muy difíciles de pillar—. Pero defraudar grandes cantidades de dinero por arriba parece

---

[2] Programas de cobertura de seguridad social administrados por el Gobierno de Estados Unidos. (*N. de la T.*)

incluso *más difícil* de pillar. El fraude por parte de los contratistas de defensa estadounidenses se estima en aproximadamente 100.000 millones de dólares por año, y se comportan relativamente bien comparados con el sector financiero. El FBI informa de que desde la recesión económica de 2008, el fraude en valores y mercancías en Estados Unidos ha *subido* más del 50 por ciento. En la década anterior, casi en el 90 por ciento de los casos de fraude empresarial —información privilegiada, comisiones y sobornos, contabilidad falsa— estaban implicados el presidente del consejo de administración o el director financiero. La recesión, desencadenada por prácticas bancarias ilegales e imprudentes, costó a los accionistas estadounidenses varios billones de dólares en pérdidas bursátiles y se considera que hizo retroceder la economía del país norteamericano a niveles de una década y media atrás. El coste total de la recesión se ha estimado en unos 14 billones —o unos 45.000 dólares por ciudadano—.

La mayoría de sociedades que se mantienen al nivel de subsistencia y las sociedades tribales infligirían severos castigos a cualquiera que ocasionase ese tipo de perjuicios. La cobardía es otra de las formas de traición a la comunidad, y la mayor parte de las tribus indias la castigaban con la muerte inmediata. (Si esto parece riguroso, piénsese que, hasta la primera guerra mundial, el ejército británico llevaba a los «cobardes» fuera del campo de batalla, donde eran ejecutados por un pelotón de fusilamiento). Es de suponer que los cazadores-recolectores tratarían a su versión de banquero deshonesto o estafador de prestaciones sociales con la misma contundencia que a un cobarde. Puede que no le mataran, pero ciertamente se le proscribiría de la comunidad. El hecho de que un grupo de personas pueda costarle a la sociedad estadounidense pérdidas por valor de varios billones de dólares —aproximadamente una cuarta parte del PIB anual— y no sea juzgado por delitos graves demuestra lo completamente des-tribalizado que está el país.

Los banqueros deshonestos y los estafadores de prestaciones sociales o del sector de los seguros son el equivalente moderno de los miembros de tribus que calladamente roban más de lo que sería su ración justa de carne o de otros recursos. Es muy diferente del caso de los machos alfa, que acosan a otros y roban recursos *abiertamente*. Entre los cazadores-recolectores, a los varones acosadores les hacen frente coaliciones de otros varones mayores, pero eso rara vez ocurre en la sociedad moderna. Durante años, la Comisión de Bolsa y Valores de Estados Unidos ha estado intentando obligar a los altos ejecutivos de los consejos de administración de las empresas a revelar la relación entre su salario y el de la media de sus empleados. En la década de 1960, los altos ejecutivos estadounidenses solían ganar 20 dólares por cada dólar que ganaba un trabajador corriente. Desde entonces, esa cifra ha pasado a una relación de 300 a 1 entre las compañías del índice bursátil S&P 500, y en algunos casos es incluso mucho más alta. La Cámara de Comercio estadounidense consiguió bloquear todos los intentos de obligar a revelar la relación entre los sueldos corporativos hasta 2015, cuando una versión descafeinada de la ley fue finalmente aprobada por la Comisión de Bolsa y Valores en una apretada votación de 3 demócratas a favor y 2 republicanos en contra.

En términos de cazadores-recolectores, estos altos ejecutivos reclaman una parte desproporcionada de comida sencillamente porque tienen el poder de hacerlo. Una tribu como los ¡Kung no lo permitiría porque representaría una grave amenaza a la cohesión y la supervivencia del grupo, pero eso no rige para un país rico como Estados Unidos. Ha habido manifestaciones ocasionales contra la desigualdad económica, como la acampada de protesta Occupy Wall Street en 2011, pero generalmente son pacíficas e ineficaces. (Los altercados y manifestaciones contra la discriminación racial que tuvieron lugar más tarde en Ferguson, en el estado de Misuri, y en Baltimore, en el de Maryland, condujeron a cambios en parte porque alcanzaron un nivel de violencia que amenazaba la paz civil). Una crisis económica profunda y duradera como la Depresión de la década de 1930, o un desastre natural con miles de víctimas mortales, podría cambiar el cálculo fundamental de Estados Unidos en cuanto a justicia económica. Hasta entonces, el público estadounidense probablemente continúe absteniéndose de desafiar abiertamente a los ejecutivos de las empresas, hombres y mujeres, que se compensan a sí mismos de manera desproporcionada con respecto a su valor para la sociedad.

Es irónico, porque los orígenes políticos de Estados Unidos radican en oponerse precisamente a esta clase de incautación de recursos por parte de las personas en el poder. Fue el rey Jorge III de Inglaterra quien causó la rebelión de las colonias inglesas en América al intentar gravarlas con impuestos sin permitir que tuviesen voz en el gobierno. En este sentido, las revoluciones democráticas no son sino una versión formalizada de la clase de acción grupal que las coaliciones de varones mayores han usado a través de las distintas épocas para enfrentarse a la avaricia y el abuso. Thomas Paine, uno de los principales arquitectos de la democracia estadounidense, escribió una denuncia formal de la civilización en un tratado titulado *Agrarian Justice* (Justicia agraria): «Si [...] la civilización ha promovido o dañado más la felicidad general del hombre es una cuestión que puede ser fuertemente disputada —escribió en 1795—. [Ambos] el más rico y el más miserable de la humanidad se encuentran en los países que se llaman civilizados».

Cuando Paine escribió su tratado, los guerreros shawnees y delawares todavía estaban atacando asentamientos a unos cientos de kilómetros del centro de Filadelfia. Mantenían a montones de cautivos blancos, muchos de los cuales habían sido adoptados por la tribu y no tenían deseos de regresar a la sociedad colonial. No hay manera de saber el efecto, sobre el proceso de pensamiento de Paine, del hecho de vivir tan cerca de una sociedad comunal de la Edad de Piedra, pero puede haber sido crucial. Paine reconocía que esas tribus carecían de las ventajas de las artes y la ciencia y la manufactura, y, sin embargo, vivían en una sociedad donde la pobreza personal era desconocida y los derechos naturales del hombre eran promovidos activamente.

En ese sentido, declaraba Paine, el indio americano debería servir como modelo de cómo erradicar la pobreza y devolver los derechos naturales a la vida civilizada.

02

LA GUERRA TE CONVIERTE EN ANIMAL

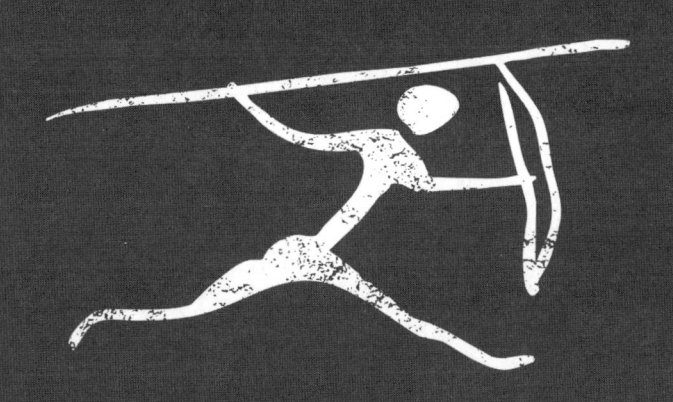

Como otros muchos niños, yo jugué a la guerra cuando era joven, y como muchos otros hombres, retuve una intensa y duradera curiosidad por ella. Y al igual que mucha gente, mi familia fue profundamente afectada por la guerra y probablemente no habría existido sin ella. Uno de los antepasados de mi madre emigró desde Alemania para luchar en la Revolución estadounidense y, a cambio, se le concedió una cesión de tierra en Ohio. Se apellidaba Grimm; estaba emparentado con los grandes folkloristas que recogieron los cuentos populares alemanes. Uno de los descendientes de Grimm se casó con otra familia de la frontera, los Carroll, que casi fueron barridos por los indios durante una incursión en su remota hacienda de Pensilvania en 1781. La esposa de Carroll se las arregló para esconderse en un maizal con su hijo de cuatro años, James, mientras los indios mataban a sus otros dos hijos adolescentes y a su perro. El marido había ido a la ciudad aquel día. Yo desciendo de James.

Mi padre era medio judío y creció en Europa. Tenía trece años cuando su familia huyó de la guerra civil española y se instaló en París, y diecisiete cuando abandonaron París por delante del ejército alemán y emigraron a Estados Unidos. Intentó alistarse en el servicio militar, pero le rechazaron a causa del asma que padecía, así que acabó ayudando al esfuerzo de guerra trabajando con motores reactores en Paterson, Nueva Jersey. Más tarde se graduó en mecánica de fluidos y trabajó en el diseño de submarinos. Cuando cumplí los dieciocho años, recibí por correo mi tarjeta de reclutamiento selectivo, para el caso de que Estados Unidos necesitase movilizarme, y declaré que no iba a firmarla. La guerra de Vietnam acababa de terminar y todos los adultos que yo conocía habían estado en contra de ella. Personalmente no me suponía ningún problema luchar en una guerra; sencillamente desconfiaba de que mi Gobierno me mandase a una que fuese completamente necesaria. Me sorprendió la reacción de mi padre. Vietnam le había convertido en vehementemente antibélico, por lo que yo esperaba que aplaudiese mi decisión; en cambio, me dijo que los soldados estadounidenses habían salvado al mundo del fascismo durante la segunda guerra mundial y que miles de jóvenes estadounidenses estaban enterrados en Francia, su país natal. «No es que no debas *nada* a tu país. —Recuerdo que me dijo—. Le debes algo, y dependiendo de lo que ocurra, puedes deberle tu vida». La manera en que lo expresó mi padre cambió el asunto para mí: de pronto, la tarjeta de reclutamiento ya no era tanto una obligación, sino una oportunidad de poder formar parte de algo mayor que yo mismo. Y había dejado claro que si Estados Unidos se embarcaba en una guerra que yo opinaba que no era correcta, siempre podría negarme a ir; en su opinión, protestar contra una guerra inmoral era exactamente tan honorable como combatir en una moral. En cualquiera de los casos, me dejó claro que mi país necesitaba ayuda para proteger los principios e ideales de los que me había beneficiado toda mi vida. En muchas sociedades tribales, los varones jóvenes tenían que ponerse a prueba sometiéndose a ritos de iniciación que demostrasen su preparación para la edad adulta. En algunas tribus, como la de los maras del norte de Australia, las pruebas eran tan brutales que los iniciados en ocasiones morían. A los que se negaban a someterse a las pruebas o fracasaban en ellas no se les consideraba hombres y pasaban sus vidas en una especie de crepúsculo de género. Obviamente, las sociedades modernas no llevan a cabo rituales de iniciación de sus jóvenes, pero todavía numerosos muchachos se esfuerzan por demostrar su preparación para la edad adulta mediante toda clase de formas torpes y peligrosas. Conducen a demasiada velocidad, se meten en peleas, se someten a novatadas unos a otros, practican deportes, se unen a clubs, beben demasiado y juegan con sus vidas de mil maneras estúpidas. Por lo general, las chicas no asumen ese tipo de riesgos, y como resultado los chicos en la sociedad moderna fallecen por muerte violenta y a causa de accidentes con tasas muy superiores a las de las jóvenes. Estas muertes podrían considerarse las de una serie de generaciones que intentan superar sus propios ritos de iniciación, porque viven en una sociedad que ya no se los proporciona. Respecto hasta qué punto a los chicos les atrae la guerra, puede que sea menos debido a un interés por la violencia que por un anhelo de la clase de madurez y respeto que a menudo trae consigo.

En todo caso, así es como yo he llegado a comprender mi propia curiosidad por el combate cuando era joven. Así es como he llegado a entender por qué me encontré, sin dinero y sin rumbo, en la pista del aeropuerto de Sarajevo con treinta y un años, oyendo el tableteo del fuego de ametralladora en un suburbio cercano llamado Dobrinja.

Sarajevo estaba sitiada por las fuerzas serbias que habían invadido la mayor parte de Bosnia durante la guerra civil que comenzó con la quiebra de Yugoslavia en 1991. Yo apenas tenía experiencia como periodista, pero ir a la guerra fue sorprendentemente fácil: tomé un vuelo a Viena, después un tren hasta Zagreb, y me detuve en una estación donde había cañones de campaña alineados sobre carros planos y soldados a su alrededor con cuchillos largos al cinto. Era una suave noche de verano y la atmósfera era eléctrica —exactamente lo que yo había estado buscando desde mi adolescencia—. Portaba la misma mochila que había llevado al oeste diez años antes, y había metido en ella un montón de cuadernos de campo, una caja de bolígrafos, una máquina de escribir portátil y una muda de ropa. Había oído decir que no había electricidad en Sarajevo, así que la máquina de escribir era la garantía de que siempre podría escribir y archivar encargos si tenía la suerte de que me hicieran alguno. También tenía un saco de dormir y la carta del editor de una revista a quien había convencido de que me recomendara para poder, al menos, conseguir una acreditación de prensa cuando llegase.

Finalmente llegué a Sarajevo desde Italia en un vuelo de socorro de la ONU. En otro tiempo, Sarajevo había sido una hermosa ciudad de la época Habsburgo llena de cafés, galerías de arte y teatros, pero ahora era un lugar sofocante en el calor de julio e impregnado del olor a basura quemada. Los coches destrozados llenaban las encrucijadas donde habían tenido lugar batallas callejeras, y casi todos los edificios estaban salpicados de metralla. El edificio del periódico *Oslobodjenje*, bombardeado, vertía sus tripas sobre un piso inferior como si alguien acabase de desconectar un enchufe enorme en el interior. La gente tomaba taxis para acercarse hasta las líneas del frente y poder hablar por radio con amigos del otro lado, que, a su vez, también estaban en taxis. Por la noche, la ciudad estaba completa y absolutamente a oscuras y podías atravesarla como si fueses el último ser humano sobre la tierra. Durante el día, las calles estaban llenas de gente llevando jarros de agua o arrastrando ramas para hacer lumbre, o yendo a trabajar con su ropa de trabajo, algo parecido a la vida tal como era antes. En las zonas abiertas alrededor de los edificios de apartamentos había huertos plantados con verduras de verano, e incluso incluso una pequeña turbina construida con latas y una rueda de bicicleta en el río Miljacka que podía cargar la batería de un coche en un día.

La ciudad se extendía de este a oeste a lo largo de un estrecho valle rodeado de montañas, y una vez que los serbios tomaron las colinas —cosa que hicieron casi inmediatamente—, era prácticamente indefendible. Los tanques perforaban los edificios con disparos de trayectoria plana que impactaban fácilmente a través de los muros exteriores, y los morteros aullaban al caer en lugares que, como los patios, de lo contrario parecían protegidos. Los francotiradores tomaban posiciones en las escarpadas laderas de las colinas al sur del Miljacka y alrededor del suburbio casi rodeado de Dobrinja y hacían caer civiles a voluntad. No era raro ver el cuerpo de una persona mayor desplomado en la calle con una bala en la frente y el contenido de una bolsa de la compra esparcido por la acera. Permanecería como espectáculo público hasta el anochecer, cuando alguien podía salir de una casa corriendo y retirar el cuerpo de la calle.

Los serbios controlaban todas las carreteras que salían de la ciudad y la mayoría de las cumbres de las montañas de alrededor, y solo dejaban pasar la comida suficiente para mantener a la gente con vida. La mafia serbia hacía negocios a través de las líneas del frente con la mafia de Sarajevo —que también luchaba para defender la ciudad— y ambas ganaron ingentes cantidades de dinero. Una carretera que discurría a lo largo de toda la ciudad estaba tan expuesta a los disparos que se hizo conocida como el Callejón de los Francotiradores. La poca gente que disponía de coche conducía a más de 100 kilómetros por hora con gasolina que costaba más de 10 dólares el litro, y aun así, muchos de ellos no lo lograban. Al cabo de un año de sitio, los bosnios excavaron un túnel bajo tierra de nadie en el aeropuerto, pero hasta entonces, la única forma de salir de la ciudad era correr a través de la pista hasta superar las posiciones de ametralladoras serbias. Mucha de esa gente no lo consiguió tampoco. Todas las mañanas, tropas francesas de la ONU estacionadas en el aeropuerto salían en vehículos blindados a recoger los cuerpos. Durante los tres años de sitio casi 70.000 personas resultaron muertas o heridas por las fuerzas serbias que disparaban contra la ciudad —aproximadamente el 20 por ciento de la población—. La ONU estimó que la mitad de los niños de la ciudad habían contemplado cómo mataban a alguien delante de ellos, y alrededor de uno de cada cinco había perdido a un familiar en la guerra. Había gente que se exponía intencionadamente a los francotiradores sencillamente para acabar de una vez con su desgracia. Cuando se cumplía un año del sitio, justamente antes de que yo llegase a la ciudad, una pareja de adolescentes penetró andando en la tierra de nadie a lo largo del río Miljacka en un intento de cruzar hasta una zona tomada por los serbios. Fueron inmediatamente abatidos a tiros; el joven cayó primero y la chica se echó sobre él en su agonía. Él era serbio y ella musulmana, y habían sido novios durante todo el bachillerato. Allí yacieron durante días porque la zona era demasiado peligrosa como para que alguien retirase sus cuerpos.

Yo presencié muchas cosas extrañas en aquella ciudad, las clases de retorcimientos que solo la guerra puede llevar a un pueblo, pero quizás la más sorprendente fuese esta: un hombre de mediana edad, ataviado con traje, agachado sobre un pequeño proyecto en el patio de un moderno rascacielos. El edificio podía haber sido un banco o una compañía de seguros europea, excepto que las ventanas estaban reventadas y las paredes marcadas con cicatrices de metralla. Miré con atención y vi que el hombre apilaba ramitas muertas. Cuando acabó, situó un cacito de aluminio encima del montón y prendió fuego a las ramas con un mechero. Luego se irguió y me miró.

Si hay una imagen del Apocalipsis, pensé, debe ser la de un hombre vestido con traje haciendo una pequeña hoguera en el patio de un rascacielos abandonado. En circunstancias diferentes, podría ser cualquiera de nosotros, en cualquier sitio, pero le había ocurrido a él allí, y yo no podía hacer nada. Saludé con una inclinación de cabeza y él me saludó a su vez y luego me alejé, dejándole en paz.

Si algo puede decirse del colapso social es que —al menos durante un tiempo— todo el mundo es igual. En 1915, un terremoto mató a 30.000 personas en Avezzano, en Italia, en menos de un minuto. Las zonas más afectadas sufrieron un índice de mortalidad del 96 por ciento. Murieron los ricos junto con los pobres, y todos los que sobrevivieron se vieron empujados a la lucha más básica por la supervivencia: necesitaban comida, necesitaban agua, necesitaban refugio, y necesitaban rescatar a los vivos y sepultar a los muertos. En ese sentido, las placas tectónicas situadas bajo la ciudad de Avezzano lograron recrear bastante bien las condiciones comunales de nuestro pasado evolutivo. «Un terremoto consigue lo que la ley promete, pero en la práctica no mantiene —escribió uno de los supervivientes—. La igualdad de todos los hombres».

Cuando Thomas Paine se esforzaba por articular sus objetivos para una sociedad libre, podría fácilmente haberse inspirado en los supervivientes de los terremotos en lugar de en los indios americanos. Las comunidades que han sido devastadas por desastres naturales o causados por la mano del hombre casi nunca caen en el caos y el desorden; si acaso, se convierten en más justas, más igualitarias y más deliberadamente equitativas para con los individuos. (A pesar de noticias erróneas, Nueva Orleans experimentó una *caída* en la tasa de delitos tras el huracán Katrina, y buena parte de los «saqueos» resultaron ser en realidad personas que buscaban comida). Los tipos de comportamientos orientados hacia la comunidad que generalmente tienen lugar después de un desastre natural son exactamente las virtudes que Paine esperaba promover con sus tratados revolucionarios.

La cuestión de la ruptura social ante una calamidad, de pronto se tornó urgente en el periodo previo a la segunda guerra mundial, cuando las potencias mundiales anticipaban bombardeos aéreos calculados deliberadamente para causar histeria masiva en las ciudades. Las autoridades inglesas, por ejemplo, predijeron que los ataques alemanes producirían 35.000 heridos al día solo en Londres (el total de heridos civiles en el país no llegó siquiera al doble de esa cifra). Nadie sabía cómo reaccionaría la población civil ante esa clase de trauma, pero el Gobierno de Churchill asumió lo peor. Era tan pobre la opinión que tenían de la población —particularmente de la gente de clase obrera del este de Londres—, que los que planificaron la emergencia eran renuentes incluso a construir refugios públicos contra los bombardeos porque les preocupaba que la gente se instalase en ellos y sencillamente no se marchase nunca. La producción económica caería en picado y los propios refugios, se temía, se convertirían en terreno abonado para la disensión política y hasta el comunismo.

Nada podía estar más lejos de la verdad. «Realmente habríamos ido todos a las playas con botellas rotas. —Recordaba una mujer, refiriéndose a la determinación de la población para luchar contra los alemanes—. Habríamos hecho cualquier cosa —*cualquiera*— para pararles». El 7 de septiembre de 1940, los bombarderos empezaron a atacar Londres en serio y ya no dejaron de hacerlo hasta el mes de mayo siguiente. Durante cincuenta y siete días consecutivos, oleadas de bombarderos alemanes volaron sobre Londres y arrojaron miles de toneladas de explosivos de gran potencia directamente sobre zonas residenciales, matando a centenares de personas cada vez. Durante el Blitz, que es como se conocía a estos bombardeos, muchos londinenses marchaban fatigosamente a trabajar por la mañana, penosamente cruzaban la ciudad hasta los refugios o las estaciones del metro por la tarde, y arduamente volvían de nuevo al trabajo cuando se hacía de día. El comportamiento era tan bueno en los refugios que los voluntarios ni siquiera tuvieron que recabar nunca la ayuda de la policía para mantener el orden.

Bien al contrario, la multitud hacía las veces de su propia policía de acuerdo a reglas no escritas que hacían la vida soportable para personas extrañas entre sí, amontonadas unas junto a otras en suelos que a veces estaban inundados de orina.

«Se han juntado diez mil personas sin lazos de amistad o económicos, sin ningún plan en absoluto sobre lo que intentan hacer —escribió un hombre sobre la vida en una estructura maciza de hormigón conocida como Refugio Tilbury—. Se encontraron, de la noche a la mañana literalmente, convertidos en habitantes de una vaga ciudad crepuscular de extraños. Al principio, no había reglas, recompensas o castigos, ni jerarquía ni mando. Casi inmediatamente, empezaron a surgir "leyes": leyes que se hacían cumplir no por policías y guardianes (que al principio demostraron ser de poca ayuda frente a semejantes multitudes), sino por los propios refugiados». Ocho millones de hombres, mujeres y niños en el área metropolitana de Londres sufrieron el tipo de bombardeos aéreos que los soldados raramente padecen. A menudo, a los heridos graves solo se les daba morfina y se les dejaba morir entre los escombros mientras que los equipos de rescate se ocupaban de personas cuyas vidas pensaban que podían salvar. El ritmo de los bombardeos era tan intenso, recordaba una mujer, que sonaba como una inmensa banda militar pisando fuerte por la ciudad. Otra recordaba que resultó aplastada por una explosión y se encontró «agarrándose al suelo como si fuera un acantilado del que estuviera colgada». Una planta de fabricación de alimentos llamada Hartley's fue bombardeada y se sacaron a los muertos de entre las ruinas cubiertos de mermelada. Una fábrica de sombreros fue alcanzada y sacaron a los muertos llenos de agujas de coser. Un refugio subterráneo recibió un impacto directo y murieron 600 personas instantáneamente. Otro fue alcanzado por una bomba que reventó una tubería principal, y más de 100 personas murieron al anegarse su refugio en minutos.

Y avanzaba el horror, con la gente muriendo en sus casas o en sus barrios mientras hacía las cosas más corrientes. Estas experiencias no solo no desataron histeria masiva, sino que ni siquiera desencadenaron mucha psicosis individual. Antes de la guerra, los pronósticos de una crisis psiquiátrica en Inglaterra eran de unos cuatro millones de personas, pero a medida que avanzaba el Blitz, los hospitales psiquiátricos del país registraron un *descenso* de los ingresos. Los servicios de urgencias en Londres registraron una media de solo dos casos de «neurosis por bomba» a la semana. Los psiquiatras vieron asombrados cómo pacientes de larga duración experimentaban una reducción de sus síntomas durante el periodo de intensos ataques aéreos. Los ingresos voluntarios a las salas psiquiátricas descendieron notablemente, y hasta los epilépticos informaron de sufrir menos ataques. «Los neuróticos crónicos del tiempo de paz ahora conducen ambulancias», señalaba un médico. Otro se atrevía a sugerir que algunas personas de hecho estaban *mejor* en tiempo de guerra.

El primero en darse cuenta de los efectos positivos de la guerra sobre la salud mental fue el gran sociólogo Emile Durkheim, que descubrió que cuando los países europeos entraban en guerra caían las tasas de suicidio. Las salas psiquiátricas de París estuvieron extrañamente vacías durante las dos guerras mundiales, y eso siguió siendo así incluso cuando el ejército alemán entró en la ciudad en 1940. Los investigadores han documentado un fenómeno similar durante las guerras civiles en España, Argelia, Líbano e Irlanda del Norte. Un psicólogo irlandés llamado H. A. Lyons descubrió que la tasa de suicidios en Belfast se redujo en un 50 por ciento durante los disturbios de 1969 y 1970, y también disminuyeron los homicidios y otros delitos violentos. La tasa de depresión, tanto de hombres como de mujeres, bajó abruptamente durante el mismo periodo, siendo la correspondiente a los hombres la que experimentó la caída más acusada en los distritos más violentos. Por otro lado, el condado de Derry —que apenas sufrió violencia— registró *aumento* en las tasas de depresión en lugar de descenso. La hipótesis de Lyons era que los hombres en las zonas de paz se deprimían porque no podían ayudar a la sociedad participando en la lucha.

«Cuando la gente está activamente comprometida con una causa, sus vidas tienen más sentido [...] lo que tiene como consecuencia una mejora de la salud mental —escribió Lyons en el *Journal of Psychosomatic Research* (Revista de investigación psicosomática) en 1979—. Sería irresponsable sugerir la violencia como medio para mejorar la salud mental, pero los hallazgos de Belfast sugieren que la gente se sentiría psicológicamente mejor si estuviese más implicada en su comunidad». Durante el Blitz de Londres, la misma regularidad de los ataques aéreos parecía proporcionar su propio extraño consuelo, y el intenso ruido de las baterías antiaéreas —por ineficaces que fueran— ayudaba a que los londinenses no se sintieran completamente vulnerables. La cantidad total de cerveza consumida en la ciudad no cambió demasiado, ni lo hizo la tasa de asistencia a la iglesia. Sin embargo, la gente recurrió a la superstición y la magia, y llevaban talismanes o espigas de brezo y, por alguna razón, se negaban a vestir de verde. Una mujer estaba convencida de que los alemanes la tenían como objetivo específico, y solo salía de casa si podía mezclarse entre la multitud. Un hombre encontró su pistola de servicio de la primera guerra mundial e intentó enseñar a su mujer cómo matar alemanes con ella. Los hombres confesaban fumar más. Las mujeres, sentirse más deprimidas —aunque estadísticamente intentaban suicidarse menos—. En marzo de 1941, quizás en un intento de confundir al enemigo, las autoridades británicas depositaron un bombardero alemán Junkers 88 en uno de los barrios más gravemente dañados de Plymouth. El avión permaneció allí —sin rótulos, sin vigilancia y sin explicación— mientras que los ciudadanos deambulaban a su alrededor para examinarlo y los observadores tomaban notas tranquilamente.

«El efecto más general era de ligero placer, interés y alivio —anotó un investigador sobre las reacciones de la gente—. Los hombres se interesaban mayormente por el material, el motor, la construcción, todo lo cual era minuciosamente alabado. Las mujeres se fijaban especialmente en las dimensiones. Algunos evidentemente pensaban en un bombardero enemigo como algo remoto, un espectro en el cielo [...] la realidad era de alguna forma tranquilizadora, casi amable».

Las reacciones de miles de civiles a las tensiones de la guerra se recogieron con detalle por una entidad conocida como Observación de Masas, que era esencialmente un cuerpo voluntario de británicos al que se pidió que observara a sus conciudadanos «como si fuesen pájaros». Algunos voluntarios salían cada día y tomaban nota de todo lo que veían u oían; a otros se les pidió que escribiesen diarios y que cumplimentasen cuestionarios sobre sus experiencias y sentimientos. El proyecto demostró ser controvertido, porque documentaba lo que ya era obvio: los ataques aéreos no desencadenaron el tipo de histeria masiva que los funcionarios del Gobierno habían predicho. Irónicamente, dicha noticia no fue bien recibida cuando ya había cambiado el rumbo de la guerra y las fuerzas aliadas adoptaron la misma estrategia de ataques aéreos apocalípticos contra los alemanes.

Por malo que fuera, el Blitz palideció en comparación con lo que hicieron después los aliados. La ciudad de Dresde perdió más gente en una noche que Londres durante toda la guerra. Las tormentas de fuego se tragaron barrios enteros y consumieron tanto oxígeno que gente que había resultado ilesa de las explosiones murió, en cambio, por asfixia. Un amplio tercio de la población alemana fue objeto de bombardeos, y alrededor de un millón de personas murió o resultó herida. Analistas estadounidenses estacionados en Inglaterra monitorizaron los efectos de los bombardeos para comprobar si empezaban a aparecer vacilaciones en la determinación alemana, y, para su sorpresa, encontraron que ocurría exactamente lo contrario: cuanto más bombardeaban los aliados, más desafiante se volvía la población alemana. De hecho, la producción *aumentó* en Alemania durante la guerra. Y las ciudades con la moral más alta fueron las que —como Dresde— sufrieron los bombardeos más devastadores. Según algunos psicólogos alemanes, que compararon sus notas con las de sus homólogos estadounidenses después de la guerra, fue en las ciudades que quedaron intactas donde la moral civil más sufrió. Treinta años más tarde, H. A. Lyons documentaría un fenómeno casi idéntico en la Belfast desgarrada por los disturbios.

La Encuesta sobre Bombardeos Estratégicos de Estados Unidos situó a observadores en Inglaterra para evaluar la efectividad de su estrategia, y uno de ellos, Charles Fritz, criticó abiertamente la lógica que había tras la campaña de bombardeos. Intrigado por el hecho de que tanto en Inglaterra como en Alemania la resiliencia civil había crecido en respuesta a los ataques aéreos, Fritz siguió adelante hasta completar un estudio más general sobre cómo respondían las comunidades a las calamidades. Después de la guerra, dirigió su atención a los desastres naturales en Estados Unidos y formuló una amplia teoría sobre la resiliencia social. Fue incapaz de encontrar ni un solo ejemplo donde las comunidades que habían sufrido acontecimientos catastróficos cayesen en el pánico prolongado, y mucho menos en nada que se aproximase a la anarquía. Si acaso, descubrió que los vínculos sociales se habían reforzado durante los desastres, y que la gente dedicaba abrumadoramente sus energías hacia el bien de la comunidad en lugar de solo hacia sí misma.

En 1961, Fritz compiló sus ideas en un largo artículo que empezaba con la sorprendente frase: «¿Por qué los desastres a gran escala producen condiciones mentales tan sanas?». Sus datos habían sido reunidos por un equipo de veinticinco investigadores que trabajaban para el Centro Nacional de Investigación de la Opinión, radicado en la Universidad de Chicago. Su trabajo consistía en desplazarse rápidamente hasta los lugares de los desastres y entrevistar a los habitantes sobre cómo se estaban adaptando a las nuevas circunstancias; hacia 1959, los investigadores del citado centro habían compilado aproximadamente 9.000 entrevistas con supervivientes. Fritz también rastreó las publicaciones académicas en busca de cualquier información relacionada con los desastres naturales u ocasionados por el hombre. Su estudio se llevó a cabo durante el punto más alto de la Guerra Fría, cuando la amenaza nuclear rusa ocupaba el primer lugar en la mente de los planificadores de la defensa. En el informe no se hace mención alguna —aunque es imposible ignorarla— a la posibilidad de que el estudio se realizase con el propósito de evaluar si Estados Unidos podría seguir funcionando después de un intercambio nuclear con Rusia.

La teoría de Fritz era que la sociedad moderna ha perturbado gravemente los vínculos que han caracterizado siempre la experiencia humana, y que los desastres empujan a la gente hacia una forma de relación más antigua y orgánica. Los desastres, defendía, crean una «comunidad de víctimas» que permite a los individuos experimentar una conexión con los demás inmensamente tranquilizadora. Cuando la gente se junta para hacer frente a una amenaza existencial, descubrió Fritz, las diferencias de clase se borran temporalmente, las disparidades de ingresos se tornan irrelevantes, no se da importancia a la raza, y se valora a los individuos sencillamente por lo que están dispuestos a hacer por el grupo. Es una especie de fugaz utopía social, según opinaba Fritz, enormemente gratificante para la persona media y directamente terapéutica para los que padecen enfermedades mentales.

Las conclusiones de Fritz se confirmaron después en un estudio realizado en la ciudad de Yungay, en el centro de Chile, que fue golpeada por un terremoto y un deslizamiento de rocas devastador el 31 de mayo de 1970. El 90 por ciento de la población de Yungay murió casi instantáneamente, y otras 70.000 personas murieron en la zona —aproximadamente el equivalente a un ataque nuclear en dicha área—. El deslizamiento que sepultó la ciudad ocasionó tanto polvo que los helicópteros no podían tomar tierra, y los supervivientes de Yungay quedaron abandonados a su suerte durante días. En este vacío terrorífico, rápidamente surgió un nuevo orden social. «El concepto de propiedad privada individual quedó temporalmente anulado —escribió más tarde el antropólogo Anthony Oliver-Smith en su artículo «Brotherhood of Pain» (Hermandad de dolor)—. La crisis también tuvo un efecto inmediato de nivelación de estatus en la naciente comunidad de supervivientes que había creado. El sentido de hermandad [...] prevalecía mientras indios y mestizos, clases altas y bajas, todos colaboraban en los esfuerzos colectivos para cubrir las primeras necesidades y sobrevivir».

En cuanto que los vuelos de socorro empezaron a entregar ayudas a la zona, volvieron las divisiones de clase y desapareció el sentido de hermandad. Había llegado el mundo moderno.

Si hay expresiones que caracterizan la vida de nuestros tempranos antepasados, «comunidad de víctimas» y «hermandad de dolor» seguramente se deben aproximar. Sus vidas probablemente tuviesen una menor intensidad de trabajo que la carga que tienen en la sociedad moderna, como demostraron los !Kung, pero la tasa de mortalidad habría sido mucho más alta. Las ventajas de la cooperación grupal incluirían caza y defensa mucho más eficaces, y los grupos que no lograran funcionar cooperativamente habrían ido desapareciendo gradualmente. El comportamiento adaptativo tiende a ser hormonal, emocional y culturalmente reforzado, y se pueden observar los tres tipos de adaptación en la práctica en gente que actúa en nombre de otros.

Los humanos tienen una tendencia tan fuerte a ayudarse unos a otros —y disfrutan de beneficios tan enormes al hacerlo— que la gente a menudo arriesga la vida por completos desconocidos. Esa asunción de riesgos tiende a expresarse de maneras muy diferentes en los hombres y las mujeres. Los hombres llevan a cabo la inmensa mayoría de rescates de transeúntes, y los niños, los mayores y las mujeres son los beneficiarios más comunes de esas acciones. A los niños se les ayuda independientemente del género, como a los mayores, pero las mujeres en edad fértil tienen dos veces más probabilidades de ser ayudadas por un desconocido que los hombres. Los hombres tienen que esperar, de promedio, hasta tener setenta y cinco años para poder recibir el mismo tipo de ayuda, en una situación de riesgo vital, que las mujeres reciben durante toda su vida. Dado el valor desproporcionadamente alto de la reproducción femenina para cualquier sociedad, arriesgar la vida de los hombres para salvar la vida de mujeres tiene un enorme sentido evolutivo. Según un estudio basado en un siglo de registros del Carnegie Hero Fund Commission, fueron transeúntes masculinos los que llevaron a cabo más del 90 por ciento de los rescates espontáneos de desconocidos, y aproximadamente uno de cada cinco murió en el intento. (Se define generalmente al «héroe» como la persona que arriesga la vida para salvar a alguien de un peligro mortal. La tasa de mortalidad resultante es más alta que la registrada en la mayoría de unidades de combate de Estados Unidos). La teoría de los investigadores es que la mayor fortaleza del torso y un rasgo predominante de la personalidad masculina conocido como «búsqueda impulsiva de sensaciones» llevan a los hombres a dominar abrumadoramente esta forma de ayuda.

Pero las mujeres tienen más probabilidades que los hombres de desplegar algo denominado valor moral. El Righteous Among the Nations (Recto entre las naciones) es un galardón que se otorga a personas no judías que ayudaron a salvar vidas de judíos durante el Holocausto, y por su propia naturaleza selecciona a personas que tienen una profunda convicción moral sobre el bien y el mal. En Polonia, los Países Bajos y Francia, proporcionar refugio a los judíos que intentaban huir de las autoridades alemanas era un delito que se castigaba con la muerte, y aunque la decisión de hacerlo no requería el mismo tipo de acción de fuerza en la que los hombres sobresalen, podía ser igual de letal.

Hay más de 20.000 nombres en los registros de Righteous Among the Nations, y en un análisis llevado a cabo en 2004 se descubrió que, excluyendo a los matrimonios, las mujeres superaban ligeramente a los hombres en la lista de personas que arriesgaron sus vidas para ayudar a judíos. La mayor preocupación empática que demuestran las mujeres por los demás puede llevarlas a posicionarse en temas morales o sociales por los que los hombres probablemente se preocupan menos. Las mujeres tienden a actuar heroicamente en el seno de su propio universo moral, independientemente de si alguien llega a saberlo o no —donan más riñones a desconocidos que los hombres, por ejemplo—. Por otro lado, es mucho más probable que los hombres arriesguen su vida sin pensarlo dos veces en cualquier momento, y dicha reacción es particularmente fuerte cuando hay otros mirando, o cuando forman parte de un grupo.

A fines de 2015, en el este de Kenia, un autobús fue interceptado por pistoleros de un grupo extremista denominado Al-Shabaab que se distinguía por asesinar a cristianos como parte de una campaña terrorista contra el Gobierno de Kenia, alineado con Occidente. Los pistoleros pidieron que los pasajeros cristianos y musulmanes se separasen en dos grupos para poder así matar a los cristianos; pero los musulmanes —en su mayoría mujeres— se negaron a hacerlo. Dijeron a los terroristas que morirían todos juntos si era necesario, pero que los cristianos no serían señalados para su ejecución. Al final, los de Al-Shabaab dejaron marchar a todos.

La división sexual en la asunción de riesgos puede parecer adaptarse particularmente bien a la humanidad. Evolucionamos, y seguimos existiendo, en un mundo físico que nos asalta con amenazas, pero también dependemos de un fuerte sentido de moralidad y justicia social para mantener nuestras comunidades intactas. Y las comunidades intactas tienen muchas más probabilidades de sobrevivir que las fragmentadas. Cuando una mujer da cobijo a una familia porque no quiere criar a sus hijos en un mundo donde pueda masacrarse a la gente por su raza o sus creencias, está asumiendo un altísimo riesgo, pero, a la vez, también está promoviendo la clase de pensamiento moral que, sin duda, ha mantenido cohesionadas a las comunidades de homínidos durante cientos de miles de años. Se trata exactamente de la misma clase de opción altruista —con todos los riesgos y terrores que conlleva— que toma un hombre cuando entra en un edificio en llamas para salvar a los hijos de alguien. Ambos son profundos actos de altruismo que nos distinguen de todos los demás mamíferos, incluyendo a los grandes primates con los que estamos tan íntimamente emparentados.

La belleza y la tragedia del mundo moderno es que elimina muchas situaciones que exigen que la gente demuestre un compromiso con el bien colectivo. Protegido por la policía y por los cuerpos de bomberos, y aliviado de la mayoría de los desafíos de la supervivencia, un hombre urbano puede pasarse toda su vida sin tener que ir en ayuda de alguien que esté en peligro —o ni siquiera renunciar a su almuerzo—. Del mismo modo, una mujer en una sociedad que ha codificado su comportamiento moral en una serie de leyes y castigos, puede que nunca tenga que tomar una opción que ponga su vida en riesgo. Por qué pondrías tu vida en peligro —y por quién— quizás sea la pregunta más profunda que una persona pueda hacerse. La gran mayoría de personas en la sociedad moderna pueden pasar toda su vida sin tener que responder jamás a esa pregunta, lo que es a la vez una bendición y una pérdida significativa. Es una pérdida porque el haber de enfrentarse a esa pregunta ha sido, durante decenas de milenios, una de las formas que nos han definido como personas. Y es una bendición porque la vida se ha hecho mucho menos difícil y traumática de como era para la mayoría de la gente incluso hasta no hace más que un siglo.

La diferenciación del valor por géneros durante situaciones de vida o muerte es tan vital para la supervivencia del grupo que parece repetirse incluso en el seno de grupos del mismo sexo. Al igual que la mayoría de trabajos peligrosos, la minería del carbón es una actividad casi exclusivamente masculina que generalmente extrae a sus trabajadores de una población particularmente poco instruida. En el sector, los desastres se producen con espantosa regularidad, y cuando lo hacen, grupos de hombres quedan a menudo atrapados a grandes profundidades bajo tierra a veces durante días y hasta semanas. Estos incidentes han ofrecido a los científicos sociales una forma de examinar cómo reaccionan y se organizan los hombres ante el peligro para maximizar sus posibilidades de supervivencia.

A las 8:05 de la tarde del 23 de octubre de 1958, en la mina Springhill, en Nueva Escocia, se produjo lo que los mineros del carbón conocen como una «sacudida»: una repentina contracción y reordenamiento de estratos sedimentarios a gran profundidad que genera las fuerzas de una explosión masiva a través de todo el complejo. Springhill era una de las minas de carbón más profundas del mundo, y la sacudida de 1958 fue tan potente que se sintió en un radio de 1.300 kilómetros. En el momento del percance, había en la mina 174 hombres, de los que 74 murieron en el acto al comprimirse los estratos y derrumbarse las galerías. De los supervivientes, 81 hombres consiguieron ponerse a salvo y otros 19 quedaron atrapados a más de 3.000 metros en el hueco de la mina. Varios sufrían heridas de gravedad y dos quedaron atrapados entre los escombros por lo que eran incapaces de moverse.

Los hombres apenas disponían de agua ni comida, y las pilas de las linternas en sus cascos solo funcionarían unos días más. Había un grupo de seis mineros en una zona, un grupo de doce en otra, y un único minero que estaba parcialmente sepultado en un tercer sitio. Los grupos no tenían contacto entre sí ni manera de comunicarse con el mundo exterior. Al cabo de unos pocos minutos de la sacudida, convergieron en la boca de la mina mineros que estaban fuera de servicio y un equipo especialmente entrenado para estos casos: los miembros de este equipo llevan máscaras de gas y aparatos para respirar —inventados por un alemán llamado Alexander Dräger— que les permiten sobrevivir al dióxido de metano y carbono que se filtra de los estratos de carbón. Otro grupo, «mineros a cara descubierta», puede trabajar más duro y más deprisa que los mejor pertrechados, pero tienen que limitarse a zonas en las que no haya gas.

Los equipos de rescate empezaron a excavar una vía a través de las galerías hundidas, trabajando en espacios tan angostos que se vieron obligados a cortar los mangos de sus piquetas para poder utilizarlas. Ni un hombre realmente fuerte podía resistir más de tres o cuatro minutos con una piqueta en semejantes circunstancias, por lo que trabajaban en equipos compuestos por cuatro hombres y rotaban continuamente las posiciones para que «la piqueta no parase nunca», como quedó después reflejado en un informe. Tras varios días de esfuerzos, empezaron a cavar por delante de los cuerpos aplastados de mineros muertos. El efecto de encontrar un cuerpo en putrefacción en los estrechos límites de las galerías era devastador, y casi todo el mundo vomitaba cuando se topaba con uno. A menudo, los componentes de los equipos de rescate conocían personalmente a los muertos. Algunos de los primeros no podían soportar el trauma psicológico y pedían ser relevados de la tarea; otros eran capaces de reprimir sus reacciones y seguir cavando. No había deshonra para los que no podían seguir, pero sí una enorme admiración por los que seguían.

«El código de rescate de los mineros significa que cada minero atrapado sabe perfectamente que no quedará enterrado en vida si es humanamente posible para sus amigos llegar hasta él —explicaba un estudio de 1969 titulado *Individual and Group Behavior in a Coal Mine Disaster* (Comportamiento individual y grupal en desastres en minas de carbón)—. Al mismo tiempo, el código no era tan rígido como para excluir a los que no podían tomar parte en el rescate».

Mientras tanto, a más de tres kilómetros de profundidad por el hueco de la mina, diecinueve hombres permanecían sentados en la oscuridad más absoluta intentando dar con una solución. En uno de los grupos había un hombre cuyo brazo había quedado atrapado entre dos maderos, y, sin que él lo oyese, los demás debatían si amputárselo o no. El hombre les suplicaba que lo hicieran, pero los compañeros decidieron no hacerlo y finalmente murió. A los dos grupos se les agotó la comida y también el agua, y empezaron a beber su propia orina. Algunos enmascaraban el sabor con polvo de carbón o corteza de los maderos. Otros tenían tanta hambre que también intentaron comer trozos de carbón. Había una prohibición tácita de llorar, aunque algunos hombres lo hacían silenciosamente una vez que se apagaban las linternas, y muchos de ellos evitaban pensar en sus familias. La mayoría solo pensaba en cualquier otro tema, como la caza. Un hombre le daba vueltas al hecho de que debía 1,40 dólares por un recambio del coche y confiaba en que su mujer lo pagase cuando él muriese.

Casi inmediatamente, ciertos hombres empezaron a desempeñar papeles de liderazgo. Mientras siguió habiendo luz en las linternas, dichos hombres exploraban galerías abiertas para encontrar vías de escape e intentaban perforar desprendimientos de rocas que bloqueaban el camino. Cuando se quedaron sin agua, uno de ellos fue en busca de más y consiguió encontrar un valioso bidón, que distribuyó entre los otros. Estos hombres también contribuyeron a que los demás supervivientes empezasen a beber su propia orina o intentasen comer carbón. Los psicólogos canadienses que entrevistaron a los mineros luego de su rescate determinaron que esos tempranos líderes tendían a carecer de empatía y control emocional, que no les interesaban las opiniones de los demás, que solo se asociaban con uno o dos de los hombres del grupo y que sus capacidades físicas eran muy superiores a su capacidad verbal. Pero todos estos aspectos les permitieron tomar las medidas enérgicas que salvan vidas en circunstancias en que muchos otros hombres posiblemente no lo hubieran hecho.

Una vez fracasados los intentos por escapar, surgieron diferentes clases de líderes. En lo que los investigadores denominan el «periodo de supervivencia», la capacidad de esperar en completa oscuridad sin perder la esperanza ni sucumbir al pánico es crucial. Los investigadores concluyeron que durante dicho periodo los líderes estaban completamente concentrados en la moral del grupo y utilizaron habilidades diametralmente opuestas a las de los hombres que habían liderado los intentos por escapar. Eran personas con enorme sensibilidad para entender los estados de ánimo de la gente, racionalizaban las cosas para poder dar respuesta a las necesidades del grupo, tranquilizaban a los hombres que empezaban a desesperarse, y se esforzaron duramente para ser aceptados por todo el grupo.

Sin excepción, los hombres que fueron líderes durante un periodo estuvieron casi completamente inactivos durante el otro; parece que ninguno era adecuado para desempeñar ambos papeles. Estas dos clases de líderes corresponden, más o menos, a los papeles masculino y femenino que surgen espontáneamente en las sociedades abiertas durante catástrofes como terremotos o el Blitz. Son el reflejo de una antigua dualidad que está oculta por la comodidad y la seguridad de la vida moderna, pero que se manifiesta inmediatamente en cuanto ocurre un desastre. Si no hay mujeres presentes para proporcionar el liderazgo empático que todo grupo necesita, lo ejercerán ciertos hombres. Si no hay hombres presentes para ejecutar acciones inmediatas en una emergencia, lo harán las mujeres. (Casi todas las mujeres galardonadas con los premios Carnegie Hero habían actuado en situaciones donde no había hombres presentes). Hasta cierto punto, los sexos son intercambiables —es decir, pueden ser fácilmente sustituidos uno por otro—, pero los roles de género no lo son. Ambos son necesarios para el sano funcionamiento de la sociedad, y esos roles serán desempeñados independientemente de que ambos sexos estén disponibles para hacerlo.

La fusión que las sociedades experimentan a menudo durante las catástrofes suele ser temporal, pero a veces el efecto puede durar años e incluso décadas. Los historiadores británicos han asociado la dureza del Blitz —y la unidad social consiguiente— con el aplastante triunfo electoral que llevó al poder al Partido Laborista en 1945 y que logró, para el Reino Unido, una sanidad universal y un estado de bienestar fuerte. El Blitz impactó después de años de pobreza en Inglaterra, y ambas experiencias sirvieron de factor de unión de la sociedad de un modo que rechazaba la primacía de los intereses de los negocios sobre el bienestar de la gente. Esa era no terminó hasta que la generación de la guerra empezó a difuminarse y Margaret Thatcher fue elegida primera ministra en 1979. «En toda turbulencia redescubrimos la humanidad y recuperamos libertades —escribió un sociólogo sobre la reacción de Inglaterra a la guerra—. Aprendemos de nuevo algunas viejas verdades sobre la conexión entre felicidad, altruismo y la simplificación de la vida».

Lo que parecen hacer las catástrofes —a veces en el lapso de unos pocos minutos— es retrasar el reloj en diez mil años de evolución social. El interés personal se subsume en el interés del grupo porque no hay supervivencia fuera de la supervivencia del grupo, y eso crea un vínculo social que mucha gente echa muchísimo de menos.

Veinte años después del final del sitio de Sarajevo, volví y descubrí que la gente declaraba, no sin cierta vergüenza, lo mucho que añoraban aquellos días. Más precisamente, añoraban *lo que habían sido* entonces. Incluso el taxista en el viaje desde el aeropuerto me dijo que durante la guerra había estado en una unidad especial que se adentraba a través de las líneas enemigas para ayudar a otros enclaves sitiados. «Y ahora, mírame», dijo pasando la mano por el panel de instrumentos con un gesto despectivo. Que alguien que ha sido soldado eche de menos la claridad y la importancia de su tarea en tiempo de guerra es una cosa, pero en el caso de civiles es otra muy distinta. «Diga lo que diga sobre la guerra, la sigo odiando —me aseguró una superviviente, Nidžara Ahmetašević, después de que la entrevistase sobre la nostalgia de su generación—. Sí que echo de menos algo de la guerra. Pero también creo que el mundo en que vivimos —y la paz que tenemos— debe estar muy fastidiado si alguien echa de menos la guerra. Y mucha gente la añora».

Ahmetašević es actualmente una conocida periodista bosnia que ha dedicado su vida a intentar entender los crímenes de guerra que florecieron a su alrededor cuando era joven. Cuando empezó la guerra tenía diecisiete años, y a las pocas semanas había resultado herida de metralla por una ráfaga de artillería que se estrelló contra el piso de sus padres. Fue llevada al hospital y sometida a una operación de cirugía reparadora en su pierna, sin anestesia. («Te sujetan y tú gritas —me dijo cuando le pregunté sobre el dolor—. Eso ayuda»). El hospital rebosaba de heridos —yacían en los aseos, en los pasillos, en las entradas— y el personal sanitario no tenía ni tiempo para cambiar las sábanas empapadas de sangre cuando la gente moría. Se limitaban a depositar a la siguiente persona sobre la cama y seguían trabajando. La primera noche, una anciana expiró al lado de Ahmetašević y, en su agonía, rodó sobre ella. Ahmetašević se despertó por la mañana y encontró a la mujer encima de ella, el primero de los muchos cadáveres que vería durante la guerra. Finalmente, al cabo de dos semanas Ahmetašević fue devuelta con muletas a casa de sus padres y retomó la que pasaba por ser vida normal durante la guerra. Su barrio había organizado cinco edificios de pisos —quizás unas sesenta familias— en una enorme cooperativa que compartía comida, fogones y refugio. Se plantaron huertos de verduras alrededor de los edificios y todos comían de los alimentos que se producían. El agua se recogía individualmente de canalones en los tejados y de bombas manuales en la ciudad, pero prácticamente todo lo demás se compartía. El día de su dieciocho cumpleaños, Ahmetašević recuerda que uno de sus vecinos le regaló un único huevo. Como no veía la manera de compartirlo con sus amigos, decidió usar el huevo para hacer tortitas y que todo el mundo tocase a algo.

El sótano de uno de los edificios era lo suficientemente profundo como para servir de refugio contra los bombardeos, y los adolescentes del barrio llevaban allí una especie de vida comunal casi completamente aparte de la de los adultos de los pisos de arriba. Los muchachos salían a luchar a la línea del frente durante diez días seguidos y luego volvían a reunirse con las chicas, que vivían todo el tiempo allí abajo.

Todos dormían juntos en colchones en el suelo y allí comían y se enamoraban y se desenamoraban entre ellos y escuchaban música y hablaban de literatura o bromeaban sobre la guerra. «Los chicos eran como nuestros hermanos —decía Ahmetašević—. No No es que nosotras, las chicas, estuviéramos esperándoles y llorando…, no, nos lo pasábamos muy bien. Para ser sincera, era una especie de liberación. Compartíamos un amor enorme. Volvían de las líneas del frente y la mayoría eran músicos y daban pequeños conciertos para nosotras. No creíamos en héroes. Éramos rockeros punk. Nuestro mayor héroe era David Bowie».

Cuando llevaban seis meses de sitio, los padres de Ahmetašević consiguieron evacuarla a Italia porque no estaban seguros de que fuera a sobrevivir. Había perdido mucho peso después de la operación y no consiguió recuperarlo. Aunque estaba a salvo en Italia y, finalmente, curándose de sus heridas, sentía una soledad insoportable. Le preocupaba que la guerra no fuese a acabar nunca y que todos muriesen y ella se quedase sola en el mundo. Al final, empezó a intentar imaginar cómo volver a Sarajevo —algo que casi nadie hacía—. Desde un punto de vista burocrático era incluso más difícil que salir de la ciudad sitiada, pero finalmente lo consiguió con la ayuda de su madre. Tomó un avión hasta el bombardeado aeropuerto, protegido con sacos terreros, y luego logró subir a un coche hasta la ciudad y volver con su familia.

«Echaba de menos estar así de cerca de la gente, echaba de menos que me quisiesen de aquella manera —me dijo—. En Bosnia (tal como es ahora) ya no confiamos los unos en los otros; nos hemos vuelto gente realmente mala. No aprendimos la lección de la guerra, cómo es de importante el compartir todo lo que se tiene con los seres humanos que están cerca de ti. La mejor forma de explicarlo es decir que la guerra te convierte en un animal. Somos animales. Es demencial, pero ese es el instinto humano básico, ayudar a otro ser humano que esté sentado o de pie o echado cerca de ti».

Pregunté a Ahmetašević si es que finalmente la gente había sido más feliz durante la guerra.

«Éramos *los más felices* —respondió Ahmetašević. Entonces añadió—: Y reíamos más».

03

EN AMARGA SEGURIDAD, ME DESPIERTO

La primera vez que me di cuenta de que tenía un problema estaba en una estación del metro de la ciudad de Nueva York. Fue casi un año antes de los ataques del 11-S y acababa de volver de pasar dos meses en Afganistán con Ahmed Shah Masud, el líder de la Alianza del Norte. Aún no había calibrado de qué forma me afectaría psicológicamente esa experiencia, por lo que no estaba preparado en absoluto para las secuelas. Masud estaba llevando a cabo una lucha desesperada para abrir líneas de abastecimiento a través del río Amu Daria antes de la llegada del invierno, y estaba bloqueado por posiciones talibanas en una prominente cumbre con vistas a la frontera tayika. Cientos de tropas talibanas estaban apostadas con tanques y artillería y protegidas por unos cuantos cazas MiG de la base de Taloqan. La tristemente célebre brigada de comandos 055 de Al Qaeda también estaba allí, y había voluntarios de Uzbekistán, Chechenia y comandos paquistaníes que vociferaban en urdu por la radio y se mofaban de los locales por no luchar con suficiente dureza. A los hombres de Masud les superaban en una proporción de tres por cada uno, y además andaban escasos de todo, desde los tanques hasta la comida. En un momento dado, los hombres con los que estaba y yo mismo nos abrimos paso hasta una posición de vanguardia que se les acababa de arrebatar a los talibanes, y llegamos a tiempo del inevitable contraataque. Nos acurrucamos en las trincheras y oímos llegar bramando los cohetes y detonar contra la compacta tierra arcillosa. La Alianza del Norte no tenía artillería que mereciese tal nombre, por lo que lo único que podíamos hacer era quedarnos allí y esperar a que a los talibanes se les acabaran los cohetes. Finalmente logramos salir de allí, aunque perdimos uno de nuestros caballos de carga en la refriega. Me sentí trastornado durante los días siguientes, como si hubiese sobrevivido al fin del mundo.

Sin embargo, en el momento en que volví a casa dejé de pensar en ello o en cualquier otra de las cosas horribles que había visto —heridos de un asalto de infantería a través de un campo de minas, civiles muertos de hambre, cazas MiG volando en círculos a nuestro alrededor, buscando un sitio donde arrojar sus bombas—. Enterré mentalmente todo aquello hasta aquel día, unos meses después, cuando entré en el metro a la hora punta para coger el tren C en dirección al centro. De repente me encontré recostado en una columna metálica de apoyo, convencido de que iba a morir. Por alguna razón, todo me parecía una amenaza: había demasiada gente en el andén, los trenes iban demasiado rápidos, las luces eran demasiado brillantes, el mundo era demasiado ruidoso. En realidad, no podía explicar qué era lo que no iba bien, pero tenía mucho más miedo del que había tenido nunca en Afganistán.

Me quedé allí, con la espalda apoyada en la columna hasta que ya no pude más, y entonces eché a correr hasta una salida y me fui andando a casa. Estados Unidos no estaba en guerra todavía, y yo no tenía ni idea de que lo que acababa de experimentar tuviese algo que ver con el combate; sencillamente creí que me estaba volviendo loco. Durante los meses siguientes, seguí teniendo ataques de pánico cada vez que estaba en un sitio pequeño con demasiada gente —aviones, telecabinas, bares—. Finalmente los incidentes dejaron de ocurrir, y yo no volví a pensar en ellos hasta dos o tres años más tarde, cuando estaba en un pícnic familiar, hablando con una mujer que trabajaba como psicoterapeuta. Estados Unidos acababa de invadir Irak, y quizás eso fuese lo que le llevó a preguntarme si había quedado traumatizado por las guerras que había cubierto como periodista. Le dije que no lo creía, pero que durante algún tiempo había sufrido ataques de pánico en lugares abarrotados. Ella asintió. «Eso se llama trastorno de estrés postraumático —dijo—. Oirá hablar bastante sobre él en los próximos años».

Lo que yo tenía es lo que se conoce, abreviado, con las siglas TEPT. Desde una perspectiva evolutiva, es exactamente la respuesta que te gustaría tener cuando tu vida corre peligro: quieres estar alerta, quieres evitar las situaciones en las que no tienes el control, quieres reaccionar frente a los ruidos extraños, quieres dormir ligero y despertarte con facilidad, quieres tener sueños recurrentes y pesadillas que te recuerden amenazas concretas a tu vida, y quieres estar, a ratos, enfadado y deprimido. El enfado te mantiene preparado para luchar, y la depresión evita que estés demasiado activo y te expongas a mayor peligro. Los sueños recurrentes también sirven para recordarte el peligro que acecha —un «mecanismo altamente eficaz de aprendizaje de supervivencia de acontecimiento único», como lo denominó un investigador—. Todos los seres humanos reaccionan al trauma de esta manera, y también lo hace la mayoría de mamíferos. Puede ser desagradable, pero es preferible a que te maten.

Al igual que la depresión y la aflicción, el TEPT puede exacerbarse a causa de otros factores, pero tiende a disminuir con el tiempo. Mis ataques de pánico se aliviaron y terminaron por cesar, aunque su lugar fue ocupado por una extraña emotividad. Me encontré afectado por cosas que, en otras circunstancias, solo me habrían provocado una sonrisa o ni siquiera habrían llamado mi atención. En una ocasión, me puse tan emotivo mientras miraba a una empleada mayor haciendo su trabajo en la oficina de correos que tuve que salir y volver más tarde para enviar mis cartas. También me ocurría durmiendo: extraños sueños de combates que no eran aterradores, pero que de alguna manera desencadenaban una catastrófica efusión de pena. Invariablemente, me despertaba y me quedaba allí, en la oscuridad, intentando averiguar por qué sentimientos que parecían pertenecer a otras personas seguían brotando de mí. Yo no era un soldado —aunque había pasado mucho tiempo entre soldados— y hasta aquel momento no había perdido amigos íntimos en combate. Y, sin embargo, cuando me iba a dormir era como si me convirtiese en parte de una experiencia humana mayor completamente desgarradora. Era algo que no podía asumir cuando estaba despierto.

Yo tenía una amiga mucho mayor llamada Joanna que estaba muy preocupada por cómo me iba encontrando psicológicamente después de las guerras que había cubierto como periodista. Joanna murió poco después de mi regreso de un periodo particularmente largo en el extranjero, y apenas reaccioné a la noticia de su fallecimiento hasta que empecé a hablar con su sobrino sobre los viajes que había hecho ella a principios de la década de 1960 para inscribir a votantes negros en el sur. A la gente la mataban por hacer eso, y recuerdo que Joanna me decía que ni ella ni su marido, Ellis, sabían nunca si volvería con vida cuando se marchaba a uno de aquellos viajes. Después de un año de cubrir combates, hubo algo sobre su disposición a morir por otros —por dignidad humana— que me deshizo completamente. Las historias sobre soldados tenían el mismo efecto sobre mí: ajeno por completo a cualquier sentimiento de patriotismo, los relatos de gran valentía podían aniquilarme emocionalmente. La humana preocupación por los demás parecería ser la única historia que, adecuadamente explicada, nadie puede soportar oír por completo.

Ellis, el marido de Joanna, era en parte lakota y en parte apache, y había nacido en un carromato en Misuri poco antes de la Gran Depresión. Se casó con Joanna cuando ella tenía dieciséis años y él veinticinco.

Yo solía visitarles los fines de semana cuando estaba en la universidad; Joanna me ponía a trabajar por su finca hasta que anochecía, y entonces los tres compartíamos la cena. Luego, Ellis y yo nos retirábamos a la sala de estar para charlar. Él fumaba Carlton ultraligeros y bebía café frío y me hablaba del mundo, y la mayor parte del tiempo yo me limitaba a estar allí sentado escuchando. Ellis parecía tener acceso a una especie de antiguo conocimiento humano que trascendía completamente la extraña vida de ermitaño que yo llevaba en Connecticut cuando le conocí. Una de sus historias favoritas tenía lugar durante alguna guerra sin sentido entre los ingleses y los franceses. En un momento dado, se proponía que los barcos de guerra británicos destruyesen un faro situado en la costa francesa para impedir el transporte y la navegación. «Señor —recordaba un almirante inglés al rey—, estamos en guerra con los franceses, no con toda la humanidad».

Si la guerra fuese pura y absolutamente mala en cada uno de sus aspectos y tóxicos todos sus efectos, probablemente no tendría lugar con la misma frecuencia. Pero además de toda la destrucción y la pérdida de vidas, la guerra inspira también antiguas virtudes humanas como el valor, la lealtad y el altruismo, que pueden ser totalmente embriagadoras para la gente que las experimenta. La historia de Ellis es conmovedora porque demuestra la capacidad de la guerra para ennoblecer a la gente más que solo degradarla. La nación iroquesa presumiblemente comprendió el poder transformador de la guerra cuando desarrolló sistemas paralelos de gobierno que protegían a los civiles de los guerreros y viceversa. Los líderes de los tiempos de paz, denominados *sachems*, a menudo eran elegidos por las mujeres y ejercían autoridad total sobre los asuntos civiles de la tribu hasta que estallaba la guerra. En ese punto, eran sustituidos por líderes de la guerra, y su única preocupación era la supervivencia física de la tribu. No les interesaba la justicia o la armonía o la rectitud, solo les interesaba derrotar al enemigo. Sin embargo, si el enemigo intentaba negociar el fin de las hostilidades, eran los sachems, no los líderes de la guerra, quienes tomaban la decisión final. Si se aceptaba la oferta, los líderes de la guerra aparecían de nuevo para que los *sachems* pudiesen retomar el liderazgo de la tribu.

El sistema iroqués reflejaba las prioridades radicalmente diferentes que una sociedad debe tener en tiempos de paz y en tiempos de guerra. Como la sociedad moderna a menudo libra las guerras lejos de la población civil, los soldados acaban siendo las únicas personas que tienen que cambiar de un lado a otro. Sigfried Sasoon, que resultó herido en la primera guerra mundial, escribió un poema titulado «Baja por enfermedad» que describe perfectamente la devastadora alienación que muchos soldados sienten en casa: «En amarga seguridad, me despierto, alejado de los amigos —escribió—. Y mientras llega el alba con lluvia fulminante / pienso en el batallón en el lodo».

Dada la profunda alienación de la sociedad moderna, cuando los veteranos de guerra dicen que la echan de menos, puede que estén teniendo una respuesta enteramente sana a la vida ya de vuelta en casa. Los guerreros iroqueses no tenían que lidiar con esa clase de alienación porque la guerra y la sociedad existían en una proximidad tan íntima que, en efecto, no había transición de la una a la otra. Además, la derrota significaba que una violencia catastrófica podría abatirse sobre todos sus seres queridos, y en ese contexto, la lucha a muerte tenía todo el sentido, tanto desde el punto de vista evolutivo como emocional. Indudablemente, algunos guerreros iroqueses deben de haber quedado traumatizados por la guerra que libraban —en buena parte cuerpo a cuerpo con bastones y hachas—, pero no tenían que contener ese trauma en su interior. Toda la sociedad estaba sufriendo el trauma bélico; por tanto, era una experiencia colectiva —y, por ende, más fácil—.

En nuestro pasado evolutivo, la recuperación rápida del trauma psicológico debió de haber sido extremamente importante, y los individuos que podían salir de la reacción de *shock* y seguir escapando o luchando debieron de haber tenido tasas de supervivencia más altas que los que no podían hacerlo. Un estudio de 2011 sobre niños de la calle en Burundi descubrió las tasas más bajas de TEPT entre los niños *más* agresivos y violentos. La agresión parecía amortiguar en ellos los efectos de traumas que hubiesen experimentado con anterioridad. Como la recuperación del trauma está afectada en gran medida por factores sociales, y como presumiblemente tuvo tan alto valor de supervivencia en nuestro pasado evolutivo, una de las formas de evaluar la salud de una sociedad puede ser lo rápidamente que sus soldados o guerreros se recuperan, psicológicamente, de la experiencia del combate.

Casi todas las personas expuestas al trauma responden teniendo alguna reacción de corta duración a él —TEPT agudo—. La reacción, claramente, ha evolucionado en los mamíferos para mantenerles, a la vez, reactivos ante el peligro y alejados de él hasta que ha pasado la amenaza. Por otro lado, el TEPT de larga duración —el tipo que puede durar años e incluso toda la vida— es claramente maladaptativo y relativamente poco común. Numerosos estudios han demostrado que, en la población general, como máximo un 20 por ciento de las personas traumatizadas sufre TEPT de larga duración.

Más que estar mejor preparadas para el peligro extraordinario, estas personas se tornan mal adaptadas a la vida cotidiana. Por ejemplo, la violación es una de las cosas psicológicamente más devastadoras que le pueden ocurrir a una persona —mucho más traumatizante que la mayoría de despliegues militares— y según un estudio de 1992, cerca del cien por cien de los supervivientes de violaciones mostraron trauma extremo inmediatamente después. Y, sin embargo, casi la mitad de los supervivientes de violación experimentaron una significativa disminución de los síntomas del trauma a las semanas o meses del ataque.

Es decir, una recuperación mucho más rápida que la que han presentado los soldados en las recientes guerras libradas por Estados Unidos. Paradójicamente, una de las razones se debe a que el trauma de combate está entretejido con otras experiencias positivas que son difíciles de separar de los daños. «Tratar a veteranos de guerra es diferente a tratar víctimas de violación, porque las víctimas de violación no tienen la noción de que algunos aspectos de su experiencia merezcan ser retenidos —me dijo la doctora Rachel Yehuda, directora de los estudios sobre estrés traumático del Hospital Mount Sinai de Nueva York. Yehuda ha estudiado el TEPT en un amplio espectro de personas, incluidos veteranos de guerra y supervivientes del Holocausto—. Para la mayoría de la gente que combate, sus experiencias van desde pasarlo extraordinariamente bien a extraordinariamente mal. Es la cosa más importante que han hecho nunca (especialmente porque estas personas son muy jóvenes cuando entran en el ejército) y probablemente es la primera vez que han sido completamente libres de las restricciones sociales. Echarán de menos estar anclados en ese mundo encasillado».

Excepto en el caso de los sociópatas, uno de los acontecimientos más traumáticos que puede experimentar un soldado es ser testigo del daño que se causa a otros —aunque sea el enemigo—. En una encuesta llevada a cabo después de la primera guerra del Golfo por David Marlowe, antropólogo que más tarde trabajó para el Departamento de Defensa de Estados Unidos, los veteranos de guerra informaban de que matar a un soldado enemigo, o simplemente presenciar su muerte, era más angustiante que resultar heridos ellos mismos. Pero, de lejos, la peor experiencia de todas era ver morir a un amigo. Guerra tras guerra, ejército tras ejército, perder a un camarada se considera lo más devastador que puede ocurrir. Es mucho más perturbador que experimentar el peligro de muerte en carne propia, y a menudo es el desencadenante del colapso psicológico en el campo de batalla o en un momento posterior de la vida.

A pesar de todo, la mayor parte de los soldados pasan por esa y por otras experiencias terribles y no acaban padeciendo trauma de larga duración. Múltiples estudios, incluido un análisis de 2007 del Institute of Medicine y el National Research Council, concluyen que las posibilidades de que una persona padezca TEPT crónico existen, en gran parte, en función de sus experiencias *antes* de ir a la guerra. Estadísticamente, el 20 por ciento de las personas que no superan el trauma tiende a ser los que ya están afectados por temas psicológicos, bien porque son hereditarios o porque han sufrido abusos en la infancia. Si has luchado en Vietnam y tu hermano gemelo no —pero él padece un trastorno psiquiátrico como, por ejemplo, esquizofrenia—, tú tienes estadísticamente más probabilidades de padecer TEPT que él. Si tú has sufrido la muerte de un ser querido, o si no se te abrazó lo suficiente cuando eras niño, tienes hasta siete veces más probabilidades de desarrollar los tipos de trastornos de ansiedad que contribuyen al TEPT. Según un estudio del año 2000 publicado en la *Journal of Consulting and Clinical Psychology* (Revista de psicología clínica y de consultorio), si tienes un déficit de educación, eres mujer, si tienes un bajo cociente intelectual, o si sufriste abusos de niño, también tienes un alto riesgo de desarrollar un TEPT. (El alto riesgo de las mujeres se debe a su mayor probabilidad de padecer TEPT tras sufrir un ataque físico. Para otras formas de trauma, hombres y mujeres están bastante igualados). Estos factores de riesgo son casi tan predictivos del TEPT como el propio trauma.

A menudo, el suicidio es contemplado como una expresión extrema de TEPT, pero los investigadores no han encontrado hasta la fecha ninguna relación entre el suicidio y el combate bélico. Estadísticamente, los veteranos de guerra no tienen más probabilidades de suicidarse que los veteranos que nunca han tomado parte en batallas. La muy discutida cifra de 22 veteranos que se suicidan cada día en Estados Unidos es engañosa: no fue hasta

2008 cuando —por primera vez en décadas— la tasa de suicidios entre veteranos superó a la de los civiles en Estados Unidos, y aunque cada una de las muertes es enormemente trágica, la mayoría de dichos veteranos tenía más de cincuenta años. Muchos eran veteranos de Vietnam y, en términos generales, cuanto más tiempo pasa después de un trauma, menos probable es que el suicidio tenga alguna relación con él. Entre veteranos más jóvenes, su despliegue en Irak o Afganistán de hecho *disminuye* el riesgo de suicidio, porque los soldados con problemas obvios de salud mental no se despliegan con sus unidades. Para complicar más el tema, el servicio militar voluntario ha tenido como consecuencia una población militar con un número desproporcionado de personas jóvenes con historial de abusos sexuales. La teoría que explica este hecho es que el servicio militar es una forma fácil de que los jóvenes se vayan de casa, por lo que el ejército reclutará un número desproporcionado procedente de familias con problemas. Según un estudio de la publicación *JAMA Psychiatry*, de la Asociación Médica de Estados Unidos, los hombres que han cumplido el servicio militar tienen ahora el doble de probabilidades de informar de agresiones sexuales durante su infancia que los hombres que no han servido en el ejército. Esto no era así cuando el servicio era obligatorio. El abuso sexual es un antecedente bien conocido de la depresión y de otros temas de salud mental, y la tasa de suicidio de militares puede ser, en parte, resultado de él.

Matar parece traumatizar a la gente independientemente de si están o no en peligro o de si perciben la rectitud de su causa. Se ha calculado que los pilotos de aviones no tripulados, que ven, mediante cámaras remotas, cómo sus misiles matan a seres humanos, tienen las mismas tasas de TEPT que los pilotos que vuelan en misiones de combate en zonas de guerra. E incluso entre la infantería regular, el peligro y el trauma no están necesariamente conectados. Durante la guerra del Yom Kippur en 1973, cuando Israel fue invadido simultáneamente por Egipto y Siria, las tropas de las bases de retaguardia tenían crisis psicológicas en una tasa tres veces superior a las tropas de elite de primera línea, en comparación a las bajas que habían sufrido. (Dicho de otro modo, las tropas de las bases de retaguardia tenían un grado relativamente ligero de bajas, pero sufrían un nivel desproporcionadamente alto de crisis psiquiátricas). De manera similar, más del 80 por ciento de las bajas psiquiátricas del 7.º Cuerpo del Ejército de Estados Unidos procedía de unidades de apoyo que casi no estuvieron bajo fuego enemigo durante la campaña aérea de la primera guerra del Golfo.

La discrepancia puede deberse al hecho de que el entrenamiento intensivo y el peligro crean lo que se conoce como cohesión de la unidad —fuertes vínculos emocionales dentro de la compañía o el batallón— y la alta cohesión de la unidad se corresponde con tasas más bajas de crisis psiquiátricas. Durante la segunda guerra mundial, las unidades aéreas norteamericanas tenían una de las menores tasas de bajas psiquiátricas de todo el ejército de Estados Unidos, en relación al número de heridos. Lo mismo puede decirse de los ejércitos de otros países: las fuerzas especiales de Sri Lanka intervienen en muchos más combates que las del frente, y, sin embargo, en 2010 habían sufrido tasas significativamente más bajas tanto de salud mental como física. (El tema de salud mental que conducía a todos los demás era el «consumo peligroso de bebidas alcohólicas»). Y los comandantes israelíes sufrían cuatro veces la tasa de mortalidad de sus hombres durante la guerra del Yom Kippur, pero tenían una tasa cinco veces menor de crisis psicológicas en el campo de batalla.

Sin embargo, todo esto representa una nueva forma de considerar el trauma del campo de batalla. Durante la mayor parte de la historia estadounidense, las crisis psicológicas en el campo de batalla, al igual que las discapacidades posteriores, se han atribuido a la neurosis, la neurosis de guerra o la simple cobardía. Cuando los hombres han dejado de cumplir órdenes a causa del trauma, han sido apaleados, encarcelados, «tratados» con *electroshock* o sencillamente fusilados como advertencia para los demás. No fue hasta después de la guerra de Vietnam cuando la American Psychiatric Association (APA o Asociación Psiquiátrica Americana) incluyó el trauma como diagnóstico oficial. Decenas de miles de veteranos luchaban con el «síndrome post-Vietnam» —pesadillas, insomnio, adicciones, paranoia— y su lucha ya no podía achacarse a la debilidad o a fracasos personales. Obviamente, esos problemas también podían afectar a los reporteros de guerra, policías, bomberos, o cualquier otra persona sujeta a traumas. Finalmente, en 1980, la APA incluyó el TEPT en la tercera edición del *Diagnostic and Statistical Manual of Mental Disorders* (Manual diagnóstico y estadístico de trastornos mentales).

Treinta y cinco años después de reconocer finalmente el problema, ahora el Ejército de Estados Unidos tiene la mayor tasa de TEPT de su historia —y probablemente del mundo—. Los soldados estadounidenses parecen sufrir una tasa de TEPT dos veces más alta que la de los soldados británicos que luchan junto con ellos. Actualmente, Estados Unidos gasta más de 4.000 millones de dólares anuales en indemnizaciones por incapacidad por TEPT, que en su mayoría continuarán durante toda la vida de estos veteranos. Las experiencias horribles son, infortunadamente, una constante humana universal, pero la incapacidad permanente derivada de ellas no lo es, y a pesar de los miles de millones gastados en tratamientos, apenas la mitad de los veteranos de Irak y Afganistán han solicitado incapacidad permanente a causa del TEPT. Puesto que solo el 10 por ciento de nuestras fuerzas armadas libra realmente combates, la mayoría de veteranos que declaran padecer TEPT parecen haber sido afectados por algo diferente a la exposición directa al peligro.

Este no es un fenómeno nuevo: década tras década y guerra tras guerra, las muertes estadounidenses en combate han descendido mientras que las declaraciones de incapacidad han aumentado. La mayoría de peticiones de incapacidad son por temas médicos y deberían disminuir con las tasas de bajas y la intensidad de los combates, pero no lo hacen. Están casi en relación inversa una con otra. En Vietnam, los soldados sufrieron una cuarta parte de la mortalidad de las tropas en la segunda guerra mundial, por ejemplo, pero la tasa de reclamación de indemnizaciones por incapacidad tanto física como psicológica fue un 50 por ciento más alta. Este hecho se podría atribuir a la tóxica recepción que sufrieron al volver a casa, pero ese no parece ser el caso. Los veteranos actuales reclaman tres veces más incapacidades que los veteranos de Vietnam, a pesar de que cuando vuelven son recibidos cálidamente y que la tasa de bajas, por suerte, es aproximadamente un tercio de la de Vietnam. En la actualidad, la mayoría de reclamaciones por incapacidad son por pérdida de oído, zumbido de oídos y TEPT —estas dos últimas se pueden imaginar, exagerar y hasta fingir—.

Una parte del problema es burocrática: en un esfuerzo por acelerar el acceso a las ayudas, la Administración de Veteranos declaró que los soldados ya no tenían que citar un incidente específico —un tiroteo, una bomba en la cuneta— para tener derecho a la indemnización por incapacidad. Simplemente tenían que declarar «miedo creíble a ser atacados» durante el despliegue. Como ha pasado con las prestaciones sociales y con otros de los denominados programas con «derecho a subsidio», una definición menos rigurosa de la necesidad —aunque sea bien intencionada— puede haber producido un sistema vulnerable al error o al fraude. Se ha comprobado que la declaración de los propios interesados de sufrir TEPT ha llevado a una tasa de diagnósticos erróneos de hasta el 50 por ciento. Una investigación reciente de la Inspección General de la Administración de Veteranos concluyó que cuanto más alta es la calificación de incapacidad por TEPT de un veterano, más tratamiento tiende a solicitar este último hasta que alcanza la calificación del 100 por cien, tras lo cual se desploman las citas de tratamiento médico y muchos veteranos las suspenden completamente. (La calificación del 100 por cien de incapacidad legitima al veterano a percibir unos ingresos no contributivos de unos 3.000 dólares al mes). En teoría, la gente más traumatizada debería buscar *más* ayuda, y no menos. Los investigadores, no sin renuencia, llegaron a la conclusión de que algunos veteranos reciben tratamiento simplemente para subir su calificación de incapacidad y poder así reclamar mayor indemnización.

Además de ser un enorme despilfarro de dinero del contribuyente, el diagnóstico erróneo causa auténtico daño a los veteranos que verdaderamente necesitan ayuda. Un asesor de la Administración de Veteranos con el que hablé, y que me pidió quedar en el anonimato, me explicó que había tenido que proteger físicamente a una persona en un grupo de apoyo de TEPT porque otros veteranos querían darle una paliza por, aparentemente, fingir su trauma. Este mismo asesor me dijo que muchos veteranos de guerra evitan activamente la Administración de Veteranos porque les preocupa perder los estribos con pacientes que piensan que están aprovechándose del sistema. «Es a los auténticos —a los tipos que las han visto de todos los colores— a los que eso les suele molestar».

Sin embargo, la gran mayoría de veteranos traumatizados *no* finge sus síntomas. Regresan de guerras que son más seguras que en las que lucharon sus padres y sus abuelos, y a pesar de todo un número mucho mayor de ellos acaba alienado y deprimido. Esto es cierto *incluso para los que no han intervenido en combates*. En otras palabras, el problema no parece ser tanto el trauma en el campo de batalla como el reingreso en la sociedad. Y en esto, los veteranos no están solos. Algo que sabe bien el Cuerpo de Paz es que por estresante que sea la vida en un país en desarrollo, el regreso a un país moderno puede ser mucho más duro. Un estudio concluía que uno de cada cuatro voluntarios en el Cuerpo de Paz declaraba haber sufrido una depresión significativa tras su vuelta a casa, y esa cifra se duplicaba con creces en las personas que habían sido evacuadas del país de acogida durante la guerra u otro tipo de emergencia.

Estudios de todo el mundo demuestran que la recuperación después de una guerra —después de cualquier trauma— está muy influida por la sociedad a la que se pertenece, y hay sociedades que hacen dicho proceso relativamente fácil. La sociedad moderna no parece ser una de ellas. Entre los veteranos estadounidenses, si se elimina, por un lado, el trauma obviamente exagerado, y el trauma profundo por otro, sigue habiendo un enorme número de personas que han vivido experiencias completamente corrientes de tiempo de guerra y que, sin embargo, se sienten peligrosamente alienadas al regresar a casa. Clínicamente hablando, dicha alienación no es lo mismo que el TEPT —y quizás merezca su propio término diagnóstico—, pero ambos son el resultado del servicio militar en el extranjero, por lo que es comprensible que los veteranos y los médicos clínicos por igual tengan propensión a mezclarlos. En cualquier caso, hace que nos preguntemos qué tiene la sociedad moderna que hace tan mortalmente desalentadora la vuelta a casa.

Cualquier debate sobre veteranos y su común experiencia de alienación debe contemplar el hecho de que tantos soldados se encuentren echando de menos la guerra una vez que ha terminado. El elemento perturbador puede encontrarse en los relatos escritos guerra tras guerra, país tras país, siglo tras siglo. Por incómodo que sea decirlo, parte del trauma de guerra parece estar cediendo. «Por primera vez en [nuestras] vidas [...] estábamos en una especie de situación tribal donde podíamos ayudarnos unos a otros sin miedo —le dijo Win Stracke, un antiguo artillero de la 62.ª Artillería de la Costa al historiador oral Studs Terkel para su libro *The Good War* (La guerra buena). (Stracke también era un conocido cantante folk y organizador sindical que estuvo en la lista negra durante la época de McCarthy por su actividad política).— Había quince hombres por ametralladora. Tenías quince tipos que por primera vez en su vida no vivían en una sociedad competitiva. No teníamos esperanzas de ascender a oficiales. Me gustaba mucho esa sensación [...]. Era la ausencia de competición y de límites y de todas esas falsas normas lo que me gustaba del ejército».

La adversidad lleva a menudo a las personas a depender más unas de otras, y esa intimidad puede producir un tipo de nostalgia por los tiempos duros al que también están sujetos los civiles. Después de la segunda guerra mundial, muchos londinenses declaraban echar de menos los días apasionantes y peligrosos del Blitz («No me importaría tener una tarde así, digamos, una vez por semana —por lo general, no hay emoción—», declaró un hombre a la Observación de Masas sobre los ataques aéreos), y la guerra que se echa de menos ni siquiera tiene que ser una guerra con disparos: «Soy un superviviente de la epidemia de sida —escribió un estadounidense en 2014 en los comentarios en línea de una conferencia sobre la guerra—. Ahora que el sida ya no es una sentencia de muerte, debo admitir que echo de menos aquellos días de extrema hermandad [...] que llevaron a entendimientos y emociones profundas que superan todo lo que yo he sentido desde los años de la plaga».

Presumiblemente, lo que la gente echa de menos no es el peligro o la pérdida, sino la unión que estos suelen engendrar. Es obvio que, en un grupo, hay tensiones sobre el individuo, pero puede haber mayores tensiones sobre el individuo aislado; por tanto, durante los desastres hay una ganancia neta en términos de bienestar.

La mayoría de primates, incluidos los humanos, son profundamente sociales, y hay pocos ejemplos de primates solitarios que hayan sobrevivido en el medio salvaje. Un soldado de la época actual que vuelva de la guerra —o un superviviente de Sarajevo— pasa del tipo de grupo muy unido del que evolucionaron los seres humanos, a una sociedad donde la mayoría de personas trabajan fuera del hogar, los niños son educados por extraños, las familias están aisladas de comunidades más amplias, y la ganancia personal eclipsa completamente el bien colectivo. Incluso aunque él o ella formen parte de una familia, no es lo mismo que pertenecer a un grupo que comparte recursos y experimenta casi todo colectivamente. Cualesquiera que sean los adelantos tecnológicos de la sociedad moderna —y son casi milagrosos— los estilos de vida individualizados que dichas tecnologías generan parecen ser profundamente embrutecedores para el espíritu humano.

«Hay que estar preparado para decir que no somos una buena sociedad —que somos una sociedad inhumana—», advertía la antropóloga Sharon Abramowitz cuando le hablé de esta idea. Abramowitz estaba en Costa de Marfil como voluntaria del Cuerpo de Paz durante el inicio de la guerra en 2002 y experimentó en primera persona los vínculos extremadamente íntimos creados por las dificultades y el peligro. «No somos buenos unos con otros. Nuestro tribalismo lo es solo con un reducidísimo grupo de personas: nuestros hijos, nuestro cónyuge, quizás nuestros padres. Nuestra sociedad es alienante, técnica, fría y de difícil comprensión. Como seres humanos, nuestro deseo fundamental es estar cerca de otros, y nuestra sociedad no lo permite».

Una de las cosas más evidentes sobre la vida en el ejército, incluso en unidades de apoyo, es que casi nunca estás solo. Día tras día, mes tras mes, estás lo suficientemente cerca de una docena o más de personas como para poder hablar con ellas, cuando no tocarlas. El tiempo que pasé con soldados estadounidenses en un remoto puesto avanzado de Afganistán, dormíamos diez en cada refugio en literas separadas apenas unos metros. Alargando el brazo desde donde dormía, podía tocar a otros tres hombres. Roncaban, hablaban, se levantaban por la noche para orinar, pero siempre nos sentíamos seguros porque estábamos en un grupo. La avanzadilla fue atacada docenas de veces y, sin embargo, yo dormía mejor rodeado de aquellos hombres ruidosos que roncaban que acampando solo en los bosques de Nueva Inglaterra. Esa forma de dormir en grupo ha sido la norma a través de la historia humana, y todavía es corriente en la mayor parte del mundo. Las sociedades del norte de Europa se cuentan entre las pocas en las que la gente duerme sola o con otra persona en una habitación privada, y eso puede tener significativas implicaciones para la salud mental en general y para el TEPT en particular. Prácticamente todos los mamíferos parecen beneficiarse de la compañía; hasta las ratas de laboratorio se recuperan con mayor rapidez del trauma si comparten jaula con otras ratas en lugar de estar solas. En los humanos, se ha descubierto que la carencia de apoyo social es dos veces más importante respecto a pronosticar el TEPT que la gravedad del propio trauma. Dicho de otro modo, se podría estar ligeramente traumatizado —a la par con, por ejemplo, el despliegue ordinario en retaguardia en Afganistán— y padecer TEPT de larga duración debido simplemente a la falta de apoyo social al regreso a casa. El antropólogo Brandon Kohrt descubrió un fenómeno similar en las aldeas del sur de Nepal, donde hacía años que tenía lugar una guerra civil. En la zona, hay dos clases de aldeas: unas exclusivamente hindúes, con profundas diferencias de clase, y otras en las que se mezclan hindúes y budistas, que son más abiertas y cohesionadas. Los niños soldados de cualquier sexo que volvían a las aldeas estratificadas podían permanecer traumatizados casi indefinidamente, mientras que los que regresaban a aldeas más comunales tendían a recuperarse con bastante rapidez. «Algunos tenían tasas de trauma que no diferían de niños que no hubiesen ido a la guerra —me comentó Kohrt sobre aquellos excombatientes—. El TEPT es un trastorno de recuperación, y si el tratamiento solo se centra en la identificación de los síntomas, se torna patológico y aliena a los veteranos. Pero si el foco se sitúa en la familia y en la comunidad, les coloca en una situación de curación colectiva».

Podría decirse que Israel es el único país moderno que mantiene un sentido de comunidad suficiente como para mitigar los efectos del combate a gran escala. A pesar de décadas de guerra intermitente, las fuerzas de defensa de Israel tienen por algunos aspectos una ínfima tasa de TEPT de un 1 por ciento. Dos de las principales razones pueden estar relacionadas con la proximidad del combate —la guerra está prácticamente a la puerta de casa— y con el servicio militar nacional.

«La mayoría de la gente ha estado en el ejército —me dijo el doctor Arieh Shalev, que ha dedicado los últimos veinte años a estudiar el TEPT—. Los que regresan de luchar se reintegran a una sociedad donde esas experiencias son muy bien comprendidas. Llevamos a cabo un estudio con personas de diecisiete años cuyos padres habían muerto en combate, y los comparamos con los que habían perdido a sus padres en accidentes. Los del primer grupo salían adelante mucho mejor que los del segundo».

Según Shalev, cuanto más cerca está la gente del combate real, mejor comprenderá la guerra y menos dificultades tendrán los soldados cuando regresen a casa. Durante la guerra del Yom Kippur de 1973, muchos soldados israelíes luchaban en los Altos del Golán con sus hogares a sus espaldas. De los 1.323 soldados que resultaron heridos en dicha guerra y derivados a evaluación psiquiátrica, solo alrededor de un 20 por ciento fue diagnosticado de TEPT, y menos del 2 por ciento mantenía dicho diagnóstico tres décadas más tarde. Los israelíes se benefician de lo que el escritor y filósofo Austin Dacey describe como «significado público compartido» de la guerra. El significado público compartido proporciona a los soldados un contexto para sus pérdidas y su sacrificio que es reconocido por la mayor parte de la sociedad. Eso ayuda a mantener a raya el sentimiento de inutilidad y rabia que puede desarrollarse entre los soldados durante una guerra que parece no tener fin.

Dicho significado público probablemente no está generado por el tipo de frases protocolarias como «Gracias por sus servicios» que muchos estadounidenses se sienten ahora forzados a ofrecer a sus soldados y veteranos. Tampoco se genera honrando a los veteranos en acontecimientos deportivos, cediéndoles el paso para subir los primeros a los aviones, u ofreciéndoles pequeños descuentos en las tiendas. Como mucho, estos actos simbólicos solo hacen más profundo el abismo entre las poblaciones civiles y las militares al recalcar el hecho de que algunas personas sirven a su país, pero la vasta mayoría no lo hace. En Israel, donde alrededor de la mitad de la población sirve en el ejército, el agradecer reflexivamente a alguien su servicio tiene tan poco sentido como agradecerle que pague sus impuestos. No se le ocurriría a nadie.

Como la sociedad moderna ha eliminado casi completamente el trauma y la violencia de la vida cotidiana, a alguien que *sí* los padezca se le considera extraordinariamente desgraciado. Ello permite a estas personas acceder a compasión y recursos, pero también crea una identidad de víctima que puede retrasar la recuperación. El antropólogo Danny Hoffman, que estudió a los combatientes de la tribu mende durante y después de las guerras civiles en Liberia y Sierra Leona, descubrió que las organizaciones internacionales de socorro introdujeron la idea de víctima en los combatientes, quienes, hasta entonces, raramente —si es que lo habían hecho alguna vez— se habían considerado en esos términos. «La frase "yo también soy una víctima" no se originó entre los propios combatientes —me dijo Hoffman—. [Las organizaciones de socorro] llegaban y les decían: "Así es como se supone que tenéis que sentiros [...] y si lo hacéis, entonces accederéis a provisiones de alimentos y a capacitación"».

En una sociedad tan pobre, las donaciones de comida y la capacitación significan enormes ventajas para los excombatientes. Como consecuencia, siguió diciéndome Hoffman, los excombatientes eran incentivados para considerarse a sí mismos víctimas en vez de responsables. Estas personas habían cometido terribles actos de violencia durante sus guerras, y muchos de ellos se sentían enormemente culpables, pero no pudieron elaborar esos sentimientos porque su estatuto de víctimas eclipsó una comprensión de la violencia más precisa y significativa. Los combatientes mendes describían a menudo el combate como algo que «calienta» el corazón, transformando a un luchador hasta el punto de que se cree que se ha convertido, literalmente, en otra persona. En ese estado, es capaz, a la vez, de un gran valor y de una gran crueldad. Dicho estado de sobreexcitación les resulta familiar a muchos soldados o atletas, y tiene una base sólida en la neurobiología del cerebro. Para los mendes, significa que los excesos morales del campo de batalla no tienen que ser necesariamente traídos a casa. Yo estuve en ambos países, Liberia y Sierra Leona, durante aquellas guerras, y los combatientes que tenían un «corazón caliente» eran inconfundibles. Llevaban amuletos y talismanes mágicos y actuaban como si estuviesen poseídos, corriendo deliberadamente hacia los tiros y bailando mientras disparaban sus armas para demostrar lo valientes que eran. No parecía importarles la vida de los otros, porque sus *propias* vidas tampoco parecían importarles. Eran auténticos nihilistas, y eso les convertía en los seres humanos más terroríficos que he conocido en mi vida. Según Hoffman, hasta excombatientes tan profundamente traumatizados como estos podrían haberse reincorporado a la sociedad mende si se hubiesen aplicado conceptos indígenas como «corazón caliente». Sin embargo, su clasificación como víctimas —con las concomitantes pagas y beneficios comunes en las sociedades occidentales— hizo su reintegración mucho más difícil.

La guerra civil en la vecina Costa de Marfil transcurrió de manera muy parecida, aunque después las organizaciones de socorro tuvieron menos acceso a los combatientes. «En las culturas tribales, el combate puede ser parte del proceso de maduración —me dijo Sharon Abramowitz, que se encontraba con el Cuerpo de Paz en Costa de Marfil en 2002—. Cuando los jóvenes vuelven del frente, su regreso es considerado integral por su sociedad: no se sienten forasteros. En Estados Unidos valoramos a nuestros veteranos con palabras y pósteres y gestos, pero no les damos lo que realmente es importante para los estadounidenses, lo que realmente te singulariza como alguien valioso para la sociedad: no les damos empleos. Todas las alabanzas del mundo no significan nada si la sociedad no te reconoce como alguien que puede aportar un trabajo valioso».

Antropólogos como Kohrt, Hoffman y Abramowitz han identificado tres factores que parecen afectar de manera crucial la transición del combatiente hacia la vida civil. Estados Unidos parece otorgar una baja importancia a los tres. Primero, las sociedades tribales cohesionadas e igualitarias hacen un buen trabajo a la hora de mitigar los efectos del trauma, pero por su propia naturaleza muchas sociedades modernas son exactamente lo contrario: jerárquicas y alienantes. La gran riqueza de Estados Unidos, aunque es una bendición en muchos sentidos, ha permitido el crecimiento de una sociedad individualista que padece altas tasas de depresión y ansiedad. Ambas están relacionadas con el TEPT crónico.

Segundo, los excombatientes no deberían ser considerados —ni estimulados a considerarse ellos mismos— víctimas. Se puede estar profundamente traumatizado, como lo están los bomberos por la muerte tanto de civiles como de colegas, sin ser observados a través de la lente que los califica de víctimas. Los subsidios por incapacidad permanente por un trastorno como el TEPT, que tiene tratamiento y, al mismo tiempo, no suele ser crónico, tienen el riesgo de convertir a los veteranos en una clase de víctimas completamente dependientes del Gobierno para su subsistencia. Estados Unidos es un país rico que seguramente puede permitírselo, pero en términos humanos, los veteranos no pueden. La consideración de sí mismos como víctimas es la única idea que nunca se les permite a los soldados durante su despliegue, porque la pasividad de sentirse víctimas puede costarles la vida. Se les ha arrancado a gritos y a golpes mucho antes de acercarse siquiera al frente de batalla. Pero cuando regresan a casa descubren que se les mira tan compasivamente que a menudo se les exime de tener que funcionar plenamente en sociedad. Algunos de ellos verdaderamente no pueden hacerlo, y de estos hay que ocuparse inmediatamente; pero cabe imaginar lo confuso que debe de ser para el resto.

Quizás lo más importante es que los veteranos tienen que sentir que son tan necesarios y productivos al reintegrarse a la sociedad como cuando estaban en el frente. Los guerreros iroqueses, que dominaban prácticamente todas las tribus en 800 kilómetros a la redonda de su territorio, volvían a una comunidad que seguía necesitándoles para cazar, pescar y participar en las tareas de la vida cotidiana. No había transición cuando regresaban a casa, porque —de forma parecida a lo que ocurre en Israel— el campo de batalla era una extensión de la sociedad, y viceversa.

Estudios recientes sobre lo que se denomina «resiliencia social» han identificado el compartir recursos y la distribución igualitaria de la riqueza como componentes principales de la capacidad de una sociedad para recuperarse de la adversidad. Y las sociedades que puntúan alto en el *ranking* de resiliencia social —como los asentamientos de kibutz en Israel— proporcionan soldados con mayores defensas contra el TEPT que las sociedades con menor resiliencia. De hecho, la resiliencia social es un mejor pronosticador de la recuperación del trauma que el nivel de resiliencia de la propia persona.

Infortunadamente, durante la pasada década los soldados estadounidenses han regresado a un país que muestra numerosos indicadores de baja resiliencia social. Los recursos no se comparten igualitariamente, una cuarta parte de los niños vive en la pobreza, escasean los empleos, y es casi imposible subsistir con el salario mínimo. En lugar de poder trabajar y contribuir a la sociedad —algo que es muy terapéutico—, a un alto porcentaje de veteranos solamente se le ofrecen pensiones por incapacidad para toda la vida. Y ellos las aceptan, por supuesto —¿por qué no habrían de hacerlo?—. Una sociedad que no distingue entre grados de trauma tampoco puede esperar que lo hagan sus guerreros.

04

LLAMANDO A CASA DESDE MARTE

Como mi padre se había criado en Europa, cuando yo era joven iba bastante por allí, al principio con mi familia y luego yo solo. Con veintitantos años recalé en Pamplona, por las fiestas de San Fermín, los tristemente célebres encierros de toros. Una noche me encontraba en un bar con el suelo lleno de serrín charlando con dos jóvenes españoles que estaban tan borrachos que apenas se podían tener en pie. Uno de ellos llevaba una camiseta blanca y bebía vino tinto de una bota. Cada vez que se echaba un chorro a la boca, la mayor parte iba a parar a su camiseta. También llevaba un casco de vikingo con falsas piedras preciosas en el reborde del que parecía haberse olvidado casi completamente, aunque era imposible ignorarlo si estabas hablando con él. Bebía y gesticulaba como un loco y echaba el brazo por encima de los hombros de su compañero, y todo iba bien hasta que entraron en el bar tres tipos marroquíes. Estaban tan borrachos y tan felices como todos los demás, hasta que el más corpulento descubrió el casco de vikingo en la cabeza de mi amigo. Se acercó a él y lo cogió. —¡Este casco es mío! —gritó en francés—. ¡Me lo has robado!

Yo lo traduje, porque era el único que hablaba francés y español. Mi amigo se las arregló para echar mano al casco y gritó: —¡No es cierto, el casco es mío! Y así empezó la cosa. De pronto, los cinco hombres echaron mano al casco; no lanzaban puñetazos porque nadie quería soltarlo, pero la cosa iba por ahí. Los hombres daban tumbos por el local gruñendo en dos idiomas y deformando gradualmente el casco hasta que mi amigo gritó: «¡Para, para, para! —Y todo el mundo se detuvo—. ¡Está empezando a romperse! —dijo mi amigo, señalando el casco.

Estaban destruyendo el objeto que todos ellos deseaban, pero ninguno lo soltaba. Se hizo el silencio. Mientras, se miraban unos a otros. Finalmente, mi amigo se volvió hacia mí y me pidió, en su español más elegante y formal, que le sustituyera con el casco y lo defendiera con todo el honor de mi familia y mi nombre. Yo seguía calculando cuánto tiempo tienes que conocer a alguien antes de apoyarle en una pelea de bar —¿horas?, ¿minutos?—, pero le dije que lo haría. Mi amigo retiró su mano del casco y la sustituyó con la mía. Ahora era yo el que estaba en el *ring* haciendo frente a tres marroquíes borrachos, y mi amigo estaba en la barra conferenciando con el camarero. Todo tenía la silenciosa formalidad de una consulta entre abogados en un juicio penal.

Al cabo de un momento, el camarero se agachó y alcanzó un jarro de vino tinto con tapón de rosca de debajo de la barra y se lo pasó a mi amigo. El silencio era completo, y todo tenía una especie de lentitud teatral, como si todos estuviesen interpretando papeles escritos hacía tiempo. Mi amigo se acercó al absurdo corro y llenó el casco con vino tinto. Recuerdo que me llegó a tocar las yemas de los dedos y las manchó de rojo. Entonces, con gran ostentación, mi amigo puso la palma de su mano bajo el casco y pidió a todo el mundo que lo soltara. Nos miramos unos a otros y uno tras otro dejamos de agarrar. Ahí estaba mi amigo con el casco en su mano extendida, con el vino tinto derramándose por los bordes. Se volvió y se dirigió al más agresivo de sus adversarios: «Tú eres un huésped en mi país —dijo, y yo traduje—. Así pues, bebe el primero».

Ofreció el casco al marroquí, que lo aceptó y bebió por el borde, derramándose el vino por el cuello, y luego lo pasó a su izquierda. Cada uno de los hombres bebió y pasó el casco en el sentido de las agujas del reloj, y cuando me llegó, hice lo mismo. El casco dio vueltas y vueltas, y cuando estuvo vacío volvió a llenarse con más vino tinto. El resto de clientes volvió a sus bebidas y a sus conversaciones, y finalmente los que antes combatían dejaron de lado el casco y empezaron a pasarse el jarro. Pronto también el jarro se vació y se pidió otro, que se pasó entre los presentes como el anterior. Yo me dejé arrastrar a otras conversaciones y al cabo de una hora eché un vistazo para ver a los cinco hombres con los brazos por los hombros cantando canciones en sus dos lenguas. El casco yacía olvidado debajo de una mesa a sus pies.

Lo que me gustó de aquel episodio fue que demostró lo muy cerca que puede estar la energía del conflicto masculino de la de intimidad masculina. Es casi como si fuesen dos facetas de la misma naturaleza; solo hay que cambiar unos pocos detalles y en vez de ir hacia la colisión, los hombres van hacia la unidad. Ahí parecía haber un gran potencial humano, organizado alrededor de la idea de pertenencia, y el truco estaba en convencer a la gente de que sus intereses tenían más en común que lo que tenían en conflicto. En una ocasión, le pregunté a un veterano de guerra si preferiría tener un enemigo en su vida u otro amigo íntimo. Me miró como si yo estuviese loco.

«¡Oh, un enemigo, sin duda alguna! —dijo—. Nadie siquiera cercano. Ya tengo montones de amigos». Reflexionó un poco más sobre la pregunta y añadió—: De todas maneras, me he metido en peleas con todos mis amigos (peleas largas hasta derribarnos). Es verdad que siempre estábamos borrachos cuando pasaba, pero era así».

Movió la cabeza como si le costase trabajo creerlo. Es inútil argumentar que la sociedad moderna no es una especie de paraíso. La mayoría de nosotros no tenemos que cultivar o matar con nuestras manos lo que comemos, construir nuestras viviendas o defendernos de los animales salvajes y de los enemigos. En un solo día podemos desplazarnos mil kilómetros simplemente apretando con el pie el pedal del acelerador o viajar alrededor del mundo comprando un asiento en un avión. Cuando tenemos dolores, disponemos de analgésicos que los eliminan, y cuando estamos deprimidos tenemos pastillas que modifican la química de nuestro cerebro. Conocemos una enorme cantidad de cosas sobre el universo, desde las partículas subatómicas, pasando por nuestros cuerpos, hasta las agrupaciones galácticas, y utilizamos ese conocimiento para facilitar y mejorar nuestra vida. Los más pobres en la sociedad moderna disfrutan de un nivel de comodidad física inimaginable hace mil años, y la gente más rica vive, literalmente, como se imaginaba que vivían los dioses.

Y, sin embargo.

La sociedad moderna tiene costes, muchos, empezando por los daños al ecosistema global y siguiendo con los estragos sobre la psique humana, pero la pérdida más peligrosa puede que sea para la comunidad. Si la humanidad está amenazada de alguna forma que aún no comprendemos, probablemente resolveremos el problema o fracasaremos en el intento a nivel de comunidad. Si el futuro del planeta depende de, supongamos, racionar el agua, las comunidades de vecinos podrán hacer cumplir nuevas normas más eficazmente incluso que los ayuntamientos. Así es como evolucionamos para existir, y obviamente funciona.

Dos de los comportamientos que separaron a los primeros humanos fueron el compartir sistemáticamente los alimentos y la defensa altruista del grupo. Otros primates apenas hicieron ninguna de las dos cosas, pero los homínidos lo hicieron cada vez más, y esos comportamientos les ayudaron a situarse en un camino evolutivo que produjo el mundo moderno. La definición más temprana y básica de comunidad —de tribu— sería el grupo de gente a la que ayudarías tanto a alimentarse como a defenderse. Una sociedad que no ofrece a sus miembros la posibilidad de actuar desinteresadamente de esta forma no es una sociedad en el sentido tribal de la palabra; solo es una entidad política que, al carecer de enemigos, probablemente se derrumbe sola. En la guerra, los soldados experimentan esta forma tribal de pensar, pero cuando regresan a casa se dan cuenta de que la tribu por la que en realidad estaban luchando no era su país, era su unidad. No tiene absolutamente ningún sentido sacrificarse por un grupo que, en sí, no quiere sacrificarse por ti. Esa es la posición en la que se han encontrado los soldados estadounidenses durante los últimos quince años.

Hubo un periodo durante la fase previa de la guerra de Irak en 2003 en el que en los coches estadounidenses empezó a aparecer una pegatina que decía: NO QUEREMOS PETRÓLEO A CAMBIO DE SANGRE. En el eslogan, estaba implícito que la guerra de Irak era por el petróleo, pero a la gente parecía escapársele la ironía de lucir dicho mensaje precisamente en una máquina *que funciona con gasolina*. Prácticamente no hay fuente de petróleo que no cause enormes daños, a la población local o al medio ambiente, y conducir un coche significa que inevitablemente se contribuye a ese daño. Yo me opuse profundamente a la guerra de Irak por otras razones. Pero la retórica contra la guerra, con el tópico del petróleo por parte de la gente que seguía usándolo como combustible para sus coches, traslucía una hipocresía mayor que se extendía por todo el espectro político. A la gente se la acusa a menudo de no conectar con su ejército, pero, francamente, está desconectada de casi todo. La agricultura, la minería, la producción de gas y de petróleo, el transporte de mercancías, la explotación forestal, la pesca, la construcción de infraestructuras..., todas las industrias que mantienen una nación en marcha son grandes desconocidas para la gente que más depende de ellas.

Por grande que sea el sacrificio que realicen los soldados, podría decirse que el de los trabajadores estadounidenses es mayor. Son muchos más los estadounidenses que pierden la vida todos los años en el desarrollo de trabajos peligrosos que los que murieron *durante toda la guerra de Afganistán*. Por ejemplo, en 2014, perdieron la vida 4.679 personas en accidentes laborales. Más del 90 por ciento de dichas muertes fueron de jóvenes trabajadores en industrias con una tasa de mortalidad equivalente a la de la mayoría de unidades del Ejército de Estados Unidos. Los empleos que pueden ser observados directamente por el público, como los de la construcción, tienden a ser menos respetados y estar peor pagados que los trabajos que se llevan a cabo en locales cerrados, como en el mundo inmobiliario o la banca. Y, sin embargo, son precisamente esos trabajos los que proveen las necesidades físicas inmediatas de la sociedad. Los obreros de la construcción son más importantes para la vida cotidiana que los corredores de bolsa, y a pesar de ello están mucho más abajo en la escala social y económica.

Esta falta de conexión fundamental permite a la gente actuar de manera trivial pero increíblemente egoísta. Rachel Yehuda señalaba que tirar basura al suelo es el ejemplo perfecto de símbolo cotidiano de desunión social. «Es una cosa horrible de presenciar, porque parece transmitir la idea de que estás solo en tu posición, que no hay unos valores compartidos en el hecho de intentar proteger algo que se comparte —me dijo—. Es la materialización de la idea de cada individuo por sí mismo. Es lo contrario del ejército».

En este sentido, ensuciar es la versión ínfima de pedir mil millones de dólares para el rescate de la banca o solicitar fraudulentamente subsidios por incapacidad. Cuando tiras basura al suelo, aparentemente no te ves como perteneciente realmente al mundo que te rodea. Y cuando reclamas fraudulentamente dinero al Gobierno, en última instancia se lo estás robando a tus amigos, tu familia y tus vecinos —o a los amigos, la familia y los vecinos de otros—. Eso te degrada moralmente mucho más de lo que degrada económicamente a tu país. A mi amigo Ellis, un joven aquejado de problemas le preguntó una vez si había alguna razón convincente para no arrancar las patas a una araña. Ellis le dijo que sí. —Pero las arañas no sienten dolor —contestó el chico.

—No es la araña lo que me preocupa —dijo Ellis.

El acto extremo de desafiliación no es ensuciar o el fraude, por supuesto, sino la violencia contra tu propia gente. Cuando la nación de los navajos —los *diné*, en su lengua— estaban cercados y confinados en una reserva en la década de 1860, un fenómeno terrorífico se hizo más importante en su cultura. La habilidad de los guerreros que habían protegido a los *diné* durante miles de años dejó de ser relevante en esa nueva era funesta, y a la gente le preocupó que esas mismas habilidades pudiesen volverse hacia dentro, contra la sociedad. Ello reforzó su creencia en lo que conocían como *skinwalkers*, o *yee naaldlooshii*.

Los *skinwalkers* casi siempre eran varones y vestían la piel de un animal sagrado para poder subvertir los poderes de ese animal para matar personas en la comunidad. Podían viajar con imposible rapidez a través del desierto y sus ojos brillaban como brasas y se suponía que podían paralizarte solo con la mirada. Se creía que atacaban haciendas remotas por la noche y mataban a la gente y a veces devoraban sus cuerpos. La gente todavía tenía miedo de los *skinwalkers* en la época en que viví en una reserva de navajos en 1983, y, sinceramente, cuando me fui de allí yo también les temía. Prácticamente todas las culturas del mundo tienen su versión del mito del *skinwalker*. Por ejemplo, en Europa se les denomina hombres lobo (literalmente «hombre-lobo» en inglés antiguo). El mito aborda un miedo fundamental en la sociedad humana: que podemos defendernos contra los enemigos exteriores, pero que siempre seremos vulnerables al loco solitario entre nosotros. La cultura angloamericana no reconoce la amenaza del *skinwalker*, pero tiene su propia versión. Desde principios de la década de 1980, la frecuencia de tiroteos descontrolados en Estados Unidos empezó a crecer cada vez más rápidamente hasta duplicarse hacia 2006. Estos tiroteos enloquecidos se definen como ataques en los que las personas son objetivos aleatorios y cuatro o más personas resultan asesinadas en un mismo lugar, generalmente muertas por disparos de un pistolero solitario. Como tales, esos crímenes se corresponden casi exactamente con la clase de amenaza que los navajos parecían temer más en la reserva: el asesinato y el caos cometido por un individuo que ha rechazado todos los vínculos sociales y ataca a la gente cuando menos se lo espera y es más vulnerable. En la sociedad moderna, eso no implicaría que fuera en sus chozas de troncos, sino en cines, colegios, centros comerciales, lugares de culto o sencillamente mientras van andando por la calle.

Considerado desde ese punto de vista, es revelador echar un vistazo al tipo de comunidades donde suelen ocurrir esos crímenes. Esos tiroteos descontrolados no han ocurrido nunca en un gueto urbano, por ejemplo; de hecho, los ataques indiscriminados a escuelas casi siempre se producen en ciudades predominantemente blancas y, por lo demás, seguras. Alrededor de la mitad de estos asesinatos a tiros tienen lugar en comunidades ricas o de clase media alta, y el resto suele suceder en pueblos de zonas rurales de mayoría blanca, cristiana, y con bajos índices de criminalidad. Casi 600 personas han muerto víctimas de este tipo de tiroteos descontrolados desde la década de 1980. Casi por definición, los asesinos son sociópatas profundamente perturbados, pero eso no elimina la cuestión de por qué los sociópatas de barriadas urbanas con alto índice de criminalidad no apuntan sus armas contra la gente como lo hacen en comunidades más ricas.

Los tiroteos de bandas —por indiscriminados que a menudo sean— no tienen la intención nihilista de los anteriores. Más bien al contrario, radican en un sentido de lealtad de grupo y de venganza extremadamente fuerte, y los transeúntes a veces mueren colateralmente. La primera vez que Estados Unidos sufrió una oleada de tiroteos de esta clase fue durante la década de 1930, cuando la sociedad se encontraba gravemente tensionada y fracturada por la gran Depresión. Individuos violentos, profundamente perturbados, podían no sentirse cohibidos por los vínculos sociales que refrenaban a generaciones anteriores de asesinos potenciales. Los tiroteos con víctimas descendieron significativamente durante la segunda guerra mundial, y volvieron a incrementarse a partir de la década de 1980, y desde entonces no han dejado de aumentar. Quizás valga la pena considerar si la vida de la clase media estadounidense —a pesar de toda su buena fortuna material— ha perdido algo del sentido de unidad esencial que, de otra manera, disuadiría a hombres alienados de volverse apocalípticamente violentos.

La última vez que Estados Unidos experimentó ese tipo de unidad fue —brevemente— tras los ataques terroristas del 11-S. No se produjo ningún tiroteo como los que nos ocupan durante los dos años siguientes. El efecto fue particularmente pronunciado en la ciudad de Nueva York, donde los índices de delitos violentos, suicidios y alteraciones psiquiátricas descendieron inmediatamente. En muchos países, se ha comprobado que el comportamiento antisocial disminuye en tiempos de guerra. La tasa de suicidios en Nueva York cayó un 20 por ciento en los seis meses siguientes a los ataques, la de asesinatos un 40 por ciento, y los farmacéuticos no registraron incrementos en el número de pacientes a los que se recetaran por primera vez fármacos ansiolíticos y antidepresivos. Y lo que es más, veteranos que recibían tratamiento para el TEPT en la Administración de Veteranos experimentaron una significativa *disminución* de sus síntomas en los meses siguientes a los ataques del 11-S.

Una manera de determinar lo que falta en el día a día de la vida estadounidense puede ser mediante el examen de qué comportamientos surgen espontáneamente cuando esa vida se ve perturbada.

«Una vez hablé con mi madre desde Marte», me dijo un veterano de Vietnam llamado Gregory Gómez, refiriéndose a la distancia física y espiritual entre su hogar y la zona de guerra. Gómez es un indio apache que se crio en el oeste de Texas. Gómez dice que su abuelo fue arrestado y ejecutado por los *rangers* de Texas en 1915 porque querían su tierra; le colgaron a la rama de un árbol, le cortaron los genitales y se los metieron en la boca. Como consecuencia, Gómez dice que no sentía ninguna lealtad hacia el Gobierno de Estados Unidos, pero que se alistó como voluntario para servir en Vietnam de todos modos.

«La mayoría de nosotros, los tipos indios que fuimos a Vietnam, fuimos porque éramos guerreros —me dijo Gómez—. Yo no luché por este país. Luché por la Madre Tierra. Quería la experiencia del combate. Quería ver cómo lo haría».

Gómez sirvió en una unidad de reconocimiento del cuerpo de marines, uno de los destinos de elite del Ejército de Estados Unidos. Formaba parte de un equipo de cuatro hombres que se introducían en helicóptero en la jungla al norte de la zona desmilitarizada durante varias semanas seguidas. No disponían de ayuda médica ni de apoyo aéreo, y Gómez dice que no se atrevían a comer sus raciones de combate por temor a que su olor corporal les delatase en distancias reducidas. Consumían comida vietnamita y veían pasar a los soldados enemigos a unos pocos metros de donde ellos estaban en la espesa jungla. «Todo el que ha vivido cosas así ha pasado por el trauma, y no hay vuelta atrás —me dijo—. Tienes diecisiete o dieciocho o diecinueve años y has topado con ese muro. Te conviertes en un viejo».

En proporción, los indios americanos aportan más soldados a las guerras estadounidenses que cualquier otro grupo demográfico del país. También son el producto de una antigua cultura de guerra que se esfuerza por proteger a los guerreros de la sociedad, y viceversa. Aunque esas tradiciones, obviamente, quedaron rotas desde el final de las guerras indias, puede que siga habiendo cosas que aprender de los principios en los que se basan. Cuando Gómez regresó a casa en el oeste de Texas, fundamentalmente permaneció oculto durante más de una década. No bebía y llevaba una vida normal, a excepción de que de vez en cuando se acercaba a la tienda de la esquina a comprar una gaseosa y acababa en Oklahoma City o en el este de Texas sin tener la más remota idea de cómo había llegado hasta allí.

Finalmente empezó a visitar a un terapeuta en la Administración de Veteranos mientras también se sometía a rituales tradicionales indios. Era una combinación que parecía funcionar: «Llevamos a cabo muchas ceremonias que implican sudar como parte de la limpieza y la purificación —me dijo—. La ceremonia de búsqueda interior normalmente dura cuatro días, y también ayunas, por lo que tu sistema se limpia. Te depuras de toxinas, por así decirlo. Estás bastante fuerte».

En la década de 1980 Gómez se sometió a una ceremonia extremadamente dolorosa denominada Danza del Sol —ceremonia tradicional lakota que estuvo prohibida durante muchos años por el Gobierno de Estados Unidos—. Al comienzo de dicha ceremonia, a los danzantes se les introducen pinchos de madera a través de la piel del pecho. Se atan correas de cuero a los pinchos y luego a un mástil alto situado en el centro de la zona de baile. Al ritmo constante de tambores, los danzantes se entremezclan en un círculo y se recuestan sobre las correas hasta que, después de muchas horas, los pinchos de madera se rompen y se desprenden.

«Bailo hacia atrás y estiro los brazos y grito y veo las correas y los pinchos como a cámara lenta, cómo salen volando de mi pecho en dirección al abuelo árbol —me explicó Gómez sobre la experiencia—. Y tuve una increíble sensación de euforia y fuerza, como si pudiera hacer cualquier cosa. Ese es el momento en que tiene lugar la curación. Entonces es cuando tienen lugar los cambios en la vida».

Las culturas y las economías de las tribus americanas variaban mucho, y por ello tenían diferentes maneras de relacionarse con la guerra. Las culturas nómadas del caballo de las Grandes Llanuras del norte, como las lakotas y las cheyenes, consideraban que la guerra era una oportunidad para que los varones jóvenes demostrasen su valor y su honor. Los apaches evitaban el combate cuerpo a cuerpo y preferían las incursiones que dependían de la astucia y la resistencia. Los papagos, sedentarios, cuya economía se basaba mayormente en la agricultura, consideraban la guerra como una forma de locura. Los hombres que se veían obligados a luchar por los ataques de otras tribus tenían que someterse a un ritual de purificación que duraba dieciséis días antes de poder reintegrarse a la sociedad. La comunidad al completo participaba en dichos rituales, porque se asumía que todas las personas de la tribu habían sido afectadas por la guerra. Después de la ceremonia, los combatientes eran considerados superiores a sus iguales no iniciados, porque, por despreciable y demencial que fuese la guerra, seguía creyéndose que impartía un conocimiento que no se aprendía de ningún otro modo.

Después de las dos guerras mundiales, los veteranos indios buscaron aliviar la transición a la vida civil en las ceremonias tradicionales en sus reservas. En particular, la Danza de la Calabaza de los kiowas se popularizó a través de las fronteras entre tribus en un intento por curar las heridas psicológicas de la guerra. Durante la década de 1980, la Asociación Intertribal de Veteranos de Vietnam empezó a celebrar asambleas de verano anuales en Oklahoma abiertas a los veteranos de todas las razas. Cuando ejecutaban la Danza de la Calabaza, arrastraban tras ellos banderas arrebatadas al Vietcong por la misma tierra por la que sus antepasados habían arrastrado banderas estadounidenses durante las guerras indias. «Los guerreros tenían que ser reconocidos y se les asignaba la responsabilidad de cuidar de los otros, practicar la autodisciplina y proporcionar liderazgo —comentó un antropólogo sobre estas ceremonias—. El contrato social se asumió ahora como *wichasha yarapika* ("hombre" más "ellos elogian")».

La Norteamérica contemporánea es una sociedad laica que, obviamente, no puede tomar préstamos de la cultura india para curar sus propias heridas psicológicas. Pero al espíritu de conexión y curación comunitaria que está en la base de estas ceremonias sí podría recurrir la sociedad moderna. En todas las culturas, las ceremonias están formuladas para comunicar la experiencia de un grupo de personas a una comunidad más amplia. Cuando la gente da sepultura a sus seres queridos, cuando se desposa, cuando se gradúa en sus estudios, las ceremonias correspondientes comunican algo esencial a quienes asisten a ellas. La Danza de la Calabaza permitía a los guerreros relatar y representar sus hazañas en el campo de batalla a las personas a las que protegían. Si la actual Norteamérica no desarrolla maneras de afrontar públicamente las consecuencias emocionales de la guerra, dichas consecuencias seguirán devastando a los propios veteranos.

En una ocasión tomé parte en un debate sobre la guerra con el escritor Karl Marlantes. Karl es un buen amigo mío, y sé que se siente enormemente orgulloso de haber dirigido un pelotón de marines en los momentos más duros de lucha en la guerra de Vietnam. En un momento dado, un hombre se levantó muy excitado y dijo a grandes voces que él también era veterano de Vietnam, y que ni Karl ni yo entendíamos lo primero que había que entender de la guerra, que es que era obscena hasta en el detalle más mínimo. Y después se marchó hecho una furia.

«Esto —dijo finalmente Karl en medio del estupefacto silencio de la sala— es una de las cosas que van a ocurrir si verdaderamente dejáis que los veteranos se expresen sobre la guerra».

Es muy posible que aquel caballero hubiese estado en pocos combates, o en ninguno, y sencillamente albergue sentimientos fuertes sobre la guerra. O puede ser que haya hecho tres incursiones en momentos muy duros de lucha y siga enormemente afectado por ello. En todo caso, lo que con seguridad necesita es poder expresar sus sentimientos ante una comunidad más amplia. La sociedad moderna raramente ofrece a sus veteranos —ni a nadie— oportunidades de hacerlo. Afortunadamente, la libertad de expresión significa que, entre otras cosas, los veteranos tienen derecho a ponerse en las esquinas con un megáfono y «alterar el orden». Sería más digno ofrecer a los veteranos de todo el país que hablasen con toda libertad sobre su experiencia de la guerra en sus ayuntamientos cada Día del Veterano. Algunos dirían que la guerra es lo mejor que les ha pasado en la vida. Otros estarían tan furiosos que lo que dijesen apenas tendría sentido. Y habría otros que llorarían de tal manera que no llegarían a poder hablar. Pero una ceremonia comunitaria de ese estilo devolvería, finalmente, la experiencia de la guerra a toda nuestra nación, en vez de dejársela solo a la gente que la ha librado. La frase buenista «Yo apoyo a las tropas, significaría entonces acudir al ayuntamiento una vez al año para escuchar hablar a estas personas.

El Día del Veterano de 2015, el ayuntamiento de Marblehead, en Massachusetts, abrió sus puertas para un acontecimiento semejante. Varios cientos de personas se reunieron en el vestíbulo y escucharon durante más de dos horas a un veterano tras otro dar un paso al frente y quitarse el peso de la guerra. Uno de los primeros en tomar la palabra fue un veterano de la guerra de Corea que había intentado alistarse en los marines a los quince años. A él le rechazaron, pero aceptaron a sus tres amigos, que cayeron en combate y están enterrados, uno junto al otro, en Okinawa. Un par de años más tarde visitó sus tumbas mientras iba camino de Corea. Una mujer mayor se levantó y dijo que había luchado en Vietnam como hombre y que, al volver, se había sometido a un cambio de sexo. Otro veterano de Vietnam se limitó a leer una cita tras otra de oficiales de la administración Bush que —en su opinión— habían mentido sobre la guerra de Irak. Mi amigo Brendan O'Byrne explicó que había tenido un encuentro con la madre de su amigo Juan Restrepo, muerto a los dos meses del despliegue en Afganistán. La madre de Restrepo había preguntado a Brendan si había podido perdonar al asesino de su hijo, y él le dijo que no, que no le había perdonado.

Ella le dijo que tenía que hacerlo.

«Entonces fue cuando empezó mi curación —le dijo Brendan al público de la sala—. Cuando dejé salir la ira que anidaba en mi interior».

Los veteranos de hoy día a menudo descubren, al regresar a casa, que aunque ellos están dispuestos a morir por su país no están seguros de saber cómo vivir por él. Es difícil saber cómo vivir por un país que regularmente se desgarra por todas las fronteras étnicas y demográficas posibles. La diferencia de ingresos entre ricos y pobres sigue ampliándose, mucha gente vive en comunidades segregadas racialmente, los mayores están en su mayoría aislados de la vida pública, y los tiroteos de que antes hemos hablado se producen con tanta regularidad que ya solo pueden mantenerse como titulares en el ciclo de noticias un día o dos. Para empeorar las cosas, los políticos suelen acusar a sus rivales de intentar *deliberadamente* hacer daño al país —acusación tan destructiva para la unidad del grupo que la mayoría de sociedades del pasado la habrían castigado como una forma de traición—. Es una completa locura, y los veteranos lo saben. Cuando combaten, los soldados no hacen caso de las diferencias de raza, religión o creencias políticas en su pelotón. Por eso no es de extrañar que muchos de ellos se depriman tanto al volver a casa.

Sé lo que es volver a Estados Unidos desde una zona de guerra porque lo he hecho muchas veces. Al principio hay una especie de *shock* ante el nivel de comodidad y de riqueza de que disfrutamos, pero a esa sensación le sigue la lúgubre constatación de que vivimos en una sociedad que básicamente está en guerra con ella misma. La gente habla con increíble desprecio sobre —dependiendo de sus opiniones— los ricos, los pobres, los cultos, los de origen extranjero, el presidente o todo el Gobierno de Estados Unidos. Un nivel de desprecio que generalmente se reserva para los enemigos en tiempo de guerra, excepto que ahora se aplica a nuestros conciudadanos. A diferencia de la crítica, el desprecio es particularmente tóxico porque supone una superioridad moral en el que habla. El desprecio se dirige a menudo contra personas que han sido excluidas de un grupo o declaradas no merecedoras de sus beneficios. El desprecio es usado a menudo por los Gobiernos para proporcionar cobertura retórica a la tortura o el abuso. El desprecio es uno de los cuatro comportamientos que, estadísticamente, pueden anunciar el divorcio en los matrimonios. La gente que habla con desprecio hacia el otro probablemente no siga junta mucho tiempo.

La retórica más alarmante surge de la disputa entre liberales y conservadores, y es una peligrosa pérdida de tiempo porque ambos tienen razón. La eterna preocupación de los conservadores por los impuestos altos que mantienen a una «clase baja» ociosa tiene raíces legítimas en nuestro pasado evolutivo y no habría que descartarla sin más trámite. Los primeros homínidos llevaban una existencia precaria en la que los parásitos eran una amenaza directa a la supervivencia, por lo que desarrollaron un sentido muy agudo para detectar si eran explotados por miembros de su propio grupo. Pero por la misma razón, una de las marcas distintivas de la temprana sociedad humana fue el surgimiento de una cultura de la compasión que cuidaba de los enfermos, de los ancianos, de los heridos y de los desventurados. En términos actuales, también es una preocupación común a los liberales que ha de tenerse en cuenta. Esas dos fuerzas motrices han coexistido durante centenares de miles de años en la sociedad humana y han sido debidamente codificadas en este país como sistema político bipartidista. La eterna discusión sobre los denominados programas de subsidios —y, en términos más generales, sobre pensamiento liberal y conservador— no se resolverá nunca porque cada uno de los lados representa un componente antiguo y absolutamente esencial de nuestro pasado evolutivo.

Así pues, ¿cómo unificar un país rico y seguro que se ha hundido en un juego de suma cero consigo mismo? ¿Qué hay que hacer para que los veteranos sientan, en primer lugar, que regresan a una sociedad cohesionada por la que ha valido la pena luchar? Le formulé la pregunta a Rachel Yehuda, del hospital Mount Sinai de la ciudad de Nueva York. Yehuda ha visto de cerca el efecto de esas divisiones antisociales sobre los veteranos traumatizados. «Si quieres que una sociedad funcione, no puedes dedicarte a subrayar los puntos de diferencia: subrayas tu humanidad compartida —me dijo—. Me horroriza cuánta gente pone el foco en las diferencias. ¿Por qué te fijas tanto en lo diferente que somos unos de otros y no en las cosas que nos unen?».

Estados Unidos es tan poderoso que el único país capaz de destruirle solo puede ser el propio Estados Unidos, lo que significa que la estrategia terrorista definitiva sería dejar solo al país. Así, las tendencias partidistas estadounidenses más amenazadoras podrían surgir sin obstáculos gracias a los efectos unificadores de la guerra. La traición definitiva de la tribu no es el actuar competitivamente —eso habría de estimularse—, sino afirmar tu poder excluyendo del grupo a otros. Eso es exactamente lo que los políticos de ambos partidos intentan hacer cuando arrojan retórica venenosa sobre sus rivales. Y eso es también exactamente lo que hacen las figuras mediáticas cuando van más allá de la crítica a sus conciudadanos y abiertamente les denigran. Denigrar a la gente junto a la que has compartido un puesto de avanzadilla es algo estúpido, y las figuras públicas que piensan que su país no es, potencialmente, un enorme puesto avanzado de combate se están engañando a sí mismas.

En el año 2009, un soldado estadounidense llamado Bowe Bergdahl se deslizó a través de un hueco en una alambrada de tipo concertina en su puesto de avanzada en el sur de Afganistán y se perdió en la noche. Fue capturado rápidamente por una patrulla de talibanes, y su ausencia desencadenó una masiva operación de búsqueda por parte del Ejército estadounidense, operación que puso en riesgo a sus compañeros. El grado de traición que sintieron los soldados fue tan alto que muchos pidieron que Bergdahl fuese juzgado por traición cuando se le repatrió al cabo de cinco años. Técnicamente, su delito no era de traición, por lo que el Ejército de Estados Unidos le acusó de deserción de su puesto —transgresión que también lleva acarreada la pena máxima, la condena a muerte—.

La indignación colectiva contra el sargento Bergdahl se basaba en un conocimiento muy escaso, pero proporciona un ejemplo perfecto de la clase de valores tribales que los grupos —o los países— despliegan con el fin de mantenerse unidos y comprometidos con ellos mismos. Y se podría decir, si acaso, que puede ser que, en Estados Unidos, la indignación no sea lo suficientemente amplia. Bergdahl puso a muchísima gente en riesgo y podría haber causado la muerte de hasta seis soldados. Pero en términos puramente objetivos, hizo mucho menos daño a su país que el colapso financiero de 2008, cuando los banqueros se jugaron billones de dólares de los contribuyentes en hipotecas abiertamente fraudulentas. Esos delitos se cometieron mientras cientos de miles de estadounidenses luchaban y morían en guerras en el extranjero. Casi 9 millones de personas perdieron sus empleos durante la crisis financiera, 5 millones de familias perdieron sus hogares, y la tasa de desempleo se duplicó hasta alcanzar casi el 10 por ciento.

Durante aproximadamente un siglo, la tasa de suicidios ha sido casi un reflejo exacto de la tasa de desempleo, y tras el colapso financiero la tasa de suicidios en Estados Unidos se incrementó en cerca de un 5 por ciento. En un artículo publicado en 2012 en la revista médica *The Lancet*, epidemiólogos que estudian el suicidio estimaban que la recesión costó casi 5.000 vidas estadounidenses adicionales durante los dos primeros años —con mayor proporción de hombres blancos de mediana edad—. Esta cifra se acerca a la de pérdidas nacionales en las guerras de Irak y Afganistán juntas. Si el sargento Bergdahl traicionó a su país —y no es difícil suponerlo— seguramente los banqueros y los agentes de bolsa que ocasionaron el colapso financiero también lo hicieron. Y, sin embargo, no provocaron el tipo de clamor que provocó Bergdahl. Ni un solo presidente de consejo de administración de alto nivel ha sido acusado en relación con el hundimiento financiero, y mucho menos condenado y enviado a la cárcel, y la mayoría de ellos ha seguido recibiendo enormes gratificaciones de fin de año. Joseph Cassano, de la empresa de productos financieros AIG —conocido como «señor Permutas de Incumplimiento Crediticio»— lideraba un departamento que necesitó un rescate de 99.000 millones de dólares mientras, simultáneamente, repartía entre sus empleados gratificaciones de fin de año por un total de 1.500 millones de dólares, así como 34 millones que se asignó a sí mismo. Robert Rubin, del Citibank, recibió una gratificación de 10 millones de dólares en 2008 mientras estaba en el consejo de administración de una empresa que necesitó 63 millones de dólares de fondos federales para evitar la quiebra. Algo más abajo en la escala de sueldos, más de cinco mil agentes de bolsa de Wall Street recibieron gratificaciones de un millón de dólares o más a pesar de trabajar en nueve de las firmas financieras que recibieron la mayor parte del dinero del rescate del Gobierno de Estados Unidos.

Ninguno de los dos partidos políticos ha denunciado directa e inequívocamente a esos hombres por su traición al pueblo estadounidense, y, sin embargo, se apresuran a amontonar desprecio sobre el sargento Bergdahl. En un país que aplica el estándar de lealtad de manera tan arbitraria, puede parecer difícil que los demás desarrollen algún tipo de valores tribales. Por suerte, no es ese el caso. Actuar como actúa la tribu significa sencillamente estar dispuesto a llevar a cabo un sacrificio sustancial por tu comunidad —sea esta tu barrio, tu lugar de trabajo o tu país entero—. Obviamente, no hay que ser un especialista de la Marina de Estados Unidos para hacerlo.

A fines de 2015, mientras terminaba este libro, vi en el *New York Times* el aviso publicado por la familia de un hombre llamado Martin H. Bauman, que había muerto en paz a la edad de ochenta y cinco años. La nota explicaba que el señor Bauman se había alistado en el ejército en la década de 1950, había contraído poliomielitis mientras estaba de servicio, había completado estudios universitarios gracias a la ley de junio de 1944 que financiaba la formación de soldados en activo, y finalmente había abierto una próspera agencia de colocaciones en la ciudad de Nueva York. La agencia seleccionaba personas para cargos ejecutivos en empresas de todo el país, pero eso no le evitó reveses económicos, y en la década de 1990 la compañía perdió dinero por primera vez en treinta años.

Según la noticia del *New York Times*, el señor Bauman reunió a sus empleados y les pidió que aceptasen una rebaja de un 10 por ciento de su sueldo para no tener que despedir a nadie. Todos aceptaron. Después, sin comunicarlo, decidió renunciar a su propio sueldo hasta que la compañía volviese a terreno seguro. Si su plantilla llegó a descubrirlo fue porque el contable de la empresa se lo comunicó.

Es obvio que Bauman estaba convencido de que el auténtico liderazgo —la clase de la que dependen vidas— puede exigir que personas poderosas se sitúen las últimas, y él era una de esas personas. Me puse en contacto con la directora de la empresa, Deanna Scharf, y le pregunté cuál fue la opinión del señor Bauman sobre el comportamiento de los ejecutivos de Wall Street durante la crisis financiera de 2008. «Oh, estaba enfadadísimo —me dijo—. Era un republicano de toda la vida, era un chico humilde del Bronx que había ganado algún dinero, pero lo que ocurrió le puso furioso. No entendía la avaricia. No entendía que si ya tienes un millón de dólares ¿para qué necesitas otro millón?».

Bauman sirvió voluntariamente a su país, sirvió a sus empleados y sirvió a otras personas discapacitadas estableciendo un fondo de becas con su nombre. Comprendió claramente que pertenecer a una sociedad exige sacrificios, y que el sacrificio compensa mucho más de lo que cuesta. («Era mejor cuando estaba realmente mal», escribió alguien en un muro, refiriéndose a la pérdida de solidaridad en Bosnia una vez acabada la guerra). Ese sentido de solidaridad está en el núcleo de lo que significa ser humano, e indudablemente ayudó a que llegásemos a este extraordinario momento de nuestra historia.

Puede que también sea lo único que nos permita sobrevivir a este momento.

POSTDATA

Mientras investigaba para este volumen, leí un libro iluminador del antropólogo Christopher Boehm titulado *Moral Origins* (Orígenes morales). En la página 219, cita a otra antropóloga, Eleanor Leacock, que pasó mucho tiempo con los indios cree del norte de Canadá. Leacock relata un episodio en el que acompañó a una expedición de caza a un cree llamado Thomas. En la profundidad de la maleza, encontraron a dos hombres, extranjeros, que se habían quedado sin comida y estaban extremadamente famélicos. Thomas les dio toda su harina y su manteca a pesar de que, por ello, tendría que acortar su expedición. Leacock sondeó a Thomas para saber por qué lo había hecho, hasta que este acabó impacientándose con ella.

«Supón, por un momento, que no les doy harina, manteca —explicó—. Sencillamente, muerto por dentro».

Finalmente, ahí está mi respuesta a por qué el tipo sin hogar de las afueras de Gillette me dio su almuerzo hace treinta años: *sencillamente, muerto por dentro*. Era lo único que, pobre como era, se negaba absolutamente a sentir.

AGRADECIMIENTOS

En primer lugar, y principalmente, me gustaría dar las gracias a mis buenos amigos y mi familia, que compartieron sus opiniones y conversaciones sobre este tema y leyeron varios borradores de este libro. Entre esas personas están Rob Leaver, Melik Keylan, Austin Dacey, Daniela Petrova, Alan Huffman, Josh Waitzkin, Brendan O'Byrne y mi madre, Ellen. Además, el psicólogo Hector García me ofreció un valioso asesoramiento sobre algunos de los aspectos científicos de este libro. Y Barbara Hammond proporcionó una fuente continua de estímulo, sabiduría y consejo que me evitó resbalones y callejones sin salida.

También estoy en deuda con mi agente, Stuart Krichevsky; con mi editor, Sean Desmond; y con mis publicistas, Cathy Saypol y Brian McLendon. Además me gustaría dar las gracias a Deb Futter y Jamie Raab de Grand Central, así como a Paul Samuelson, que cuidó de los detalles del día a día de la campaña publicitaria. Mari Okuda realizó un espléndido trabajo como correctora del manuscrito, y le estoy muy agradecido por su gran conocimiento de la lengua inglesa. El libro apareció en su forma temprana en la revista *Vanity Fair*, y agradezco a Graydon Carter y Doug Stumpf que confiaran en mi instinto sobre este tema. Me habría sentido completamente perdido sin los heroicos esfuerzos de mi investigadora, Rachael Hip-Flores, que se las arregló para rastrear todas las peticiones que le hice por extravagantes y arcanas que fuesen.

Mi padre falleció en 2012. Muchas de las ideas de este libro se formaron durante una vida entera de conversaciones con él sobre las complicadas bendiciones de la «civilización». El punto de vista contrario lo puso de relieve mi amigo y tío sustituto, Ellis Settle, que señaló que los cautivos blancos de los indios americanos a menudo no querían ser devueltos a la sociedad colonial. La idea se quedó treinta años en mi mente, hasta que reapareció como posible explicación de por qué muchos soldados que yo conocía echaban de menos la guerra en la que habían luchado. Ambos impulsos parecían aproximadamente análogos, por lo que decidí perseguir dicha idea hasta donde pudiese. Este libro es el resultado.

BIBLIOGRAFÍA

Los hombres y los perros

Association of Certified Fraud Examiners, «ACFE Report Estimates Organizations Worldwide Lose 5 Percent of Revenues to Fraud». http://www.acfe.com/press-release.aspx?id=4294973129.

Axtell, James, *The European and the Indian: Essays in the Ethnohistory of Colonial North America.* Nueva York: Oxford University Press, 1981.

—, *White Indians of Colonial America.* Fairfield, Washington: Ye Galleon Press, 1979.

Battin, Margaret Pabst (ed.), *The Ethics of Suicide: Historical Sources.* Nueva York, Oxford University Press, 2015.

Beasley, Mark S., *et al.*, *Fraudulent Financial Reporting, 1998-2007*, Comité de Organizaciones Patrocinadoras de la Comisión Treadway, http://www.coso.org/documents/COSOFRAUDSTUDY2010.pdf.

Bennett, John T., «Lawmakers Push Defense Fraud, Waste Report to Influence Supercommittee Cuts». *The Hill*, 23 de octubre de 2011. http://thehill.com/news-by-subject/defense-homeland-security/189247-lawmakers-push-report-highlighting-11t-in-defense-spending-waste-fraud.

Board of Governors of the Federal Reserve System, «Why Did the Federal Reserve Lend to Banks and Other Financial Institutions During the Financial Crisis?», http://www.federalreserve.gov/faqs/why-did-the-Federal-Reserve-lend-to-banks-and-other-financial-institutions-during-the-financial-crisis.htm.

Boehm, Christopher, *Moral Origins: The Evolution of Virtue, Altruism, and Shame*, Nueva York: Basic Books, 2012.

Bowles, Samuel y Herbert Gintis, *A Cooperative Species: Human Reciprocity and Its Evolution*, Princeton, Nueva Jersey: Princeton University Press, 2011.

Boyle, Douglas M., Brian W. Carpenter y Dana Hermanson, «CEOs, CFOs, and Accounting Fraud», Kennesaw State University Digital Commons@ Kennesaw State University, Faculty Publications, enero de 2012. http://digitalcommons.kennesaw.edu/cgi/viewcontent.cgi?article=3752&context=facpubs.

Bryan, Wm. S., y Robert Rose, *A History of the Pioneer Families of Missouri*, San Luis, Brand & Co., 1876.

Calloway, Colin G., «Neither White nor Red: White Renegades on the American Frontier», *Western Historical Quarterly*, enero de 1986.

Ceremony, John C., *Life Among the Apache*, Lincoln: University of Nebraska Press, 1968.

Coalition Against Insurance Fraud, «By the Numbers: Fraud Statistics». http://www.insurancefraud.org/statistics.htm.

Colden, Cadwallader, *The History of the Five Indian Nations*, 1727; reimpresión, Ithaca, Nueva York: Cornell University Press, 1958.

Colla, J., *et al.* «Depression and Modernization: A Cross-Cultural Study of Women», *Social Psychiatry and Psychiatric Epidemiology* 41, n.º 4 (abril de 2006): pp. 271-279.

Commission on Wartime Contracting in Iraq y and Afghanistan. Final Report to Congress, agosto de 2011: *Transforming Wartime Contracting: Controlling Costs, Reducing Risks*. Capítulo 3, «Inattention to Contingency Contracting Leads to Massive Waste, Fraud and Abuse», http://www.wartimecontracting.gov/docs/CWC_FinalReport-Ch3-lowres.pdf.

Committee of Sponsoring Organizations of the Treadway Commission. «Financial Fraud at U.S. Public Companies Often Results in Bankruptcy or Failure, with Immediate Losses for Shareholders and Penalties for Executives», comunicado de prensa, 20 de mayo de 2010. http://www.coso.org/documents/COSOReleaseonFraudulentReporting2010PDF_001.pdf.

«The Cost of the Wall Street-Caused Economic Collapse and the Ongoing Economic Crisis is More Than $12,8 Trillion», *Better Markets*, 15 de septiembre de 2012. https://www.bettermarkets.com/sites/default/files/Cost%20Of%20The%20Crisis_0.pdf.

Federal Bureau of Investigation, «Financial Crimes Report to the Public, Fiscal Year 2010-2011», https://www.fbi.gov/stats-services/publications/
financial-crimes-report-2010-2011.

—, «Insurance Fraud». https://www.fbi.gov/stats-services/publications/insurance-fraud.

Federal Reserve Bank of St. Louis, «Overpayments due to Fraud by Category», https://research.stlouisfed.org/publications/es/12/ES_28_2012-10-05_chart.pdf.

Fieldhouse, Andrew, «5 Years After the Great Recession, Our Economy Still Far from Recovered», *Huffington Post*, 26 de junio de 2014. http://www.huffingtonpost.com/andrew-fieldhouse/five-years-after-the-frea_b_5530597.html.

Fuller, David L., B. Ravikumar y Yuzhe Zhang, «Unemployment Insurance Fraud», Federal Reserve Bank of St. Louis Economic Research, https://research.stlouisfed.org/publications/economic-synopses/2012/10/05/unemployment-insurance-fraud/.

Government Accountability Office, *Financial Regulatory Reform: Financial Crisis Losses and the Dodd-Frank Act*. Informe para personal del Congreso, enero de 2013. http://www.gao.gov/assets/660/651322.pdf.

—, «Improper Payments: Inspector General Reporting of Agency Compliance Under the Improper Payments Elimination and Recovery Act», 9 de diciembre de 2014. http://www.gao.gov/assets/670/667332.pdf.

Hallowell, Irving, «American Indians, White and Black: The Phenomenon of Transculturation», *Current Anthropology* 4, n.º 5 (diciembre de 1963).

Heard, J. Norman, *White into Red: Study of the Assimilation of White Persons Captured by Indians*, Metuchen, Nueva Jersey: Scarecrow Press, 1973.

Hidaka, Brandon, «Depression as a Disease of Modernity», *Journal of Affective Disorders* 140 (2012), pp. 205-214.

Hunter, John Dunn, *Memoirs of a Captivity Among the Indians of North America*, 1824; reimpresión, Nueva York: Schocken, 1973.

«Improper Payment Amounts. (FY 2004-2013)», *Payment Accuracy*. https://paymentaccuracy.gov/tabular-view/improper_payments

Insurance Information Institute, «Insurance Fraud», enero de 2016. http://www.iii.org/issue-update/insurance-fraud.

Kastrup, Marianne, «Cultural Aspects of Depression as a Diagnostic Entity: Historical Perspective», *Medicographia* 33, n°2 (2011), pp.119-24.

Kirmayer, Laurence J., Robert Lemelson y Mark Barad (eds.), *Understanding Trauma: Integrating Biological, Clinical, and Cultural Perspectives*, Nueva York: Cambridge University Press, 2007.

Krieger, Lawrence S., «What Makes Lawyers Happy», *George Washington Law Review* 83, n.º 2 (2015), p. 554.

Lee, Richard B., e Irven DeVore (eds.), *Man the Hunter*, Chicago: Aldine Publishing, 1968.

Lehmann, Herman, *Nine Years Among the Indians, 1870-1879: The Story of the Captivity and Life of a Texan Among the Indians*, Albuquerque: University of New Mexico Press, 1993.

London, Herbert, «The Fraud in Our Entitlement System», *American Spectator*, 2 de febrero de 2012. http://spectator.org/articles/36133/fraud-our-entitlement-system.

Luttrell, David, Tyler Atkinson y Harvey Rosenblum, «Assessing the Costs and Consequences of the 2007-09 Financial Crisis and Its Aftermath», Federal Reserve Bank of Dallas, *Economic Letter* 8, n.º 7 (septiembre de 2013). http://www.dallasfed.org/research/eclett/2013/el1307.cfm.

McFadden, Cynthia y Almin Karamehmedovic, «Medicare Fraud Costs Taxpayers More Than $60 Billion Each Year», ABC News, 17 de marzo de 2010. http://abcnews.go.com/Nightline/medicare-fraud-costs-taxpayers-60-billion-year/story?id=10126555.

«Male Chimpanzees Choose Their Allies Carefully», Springer Select, 3 de diciembre de 2012. http://www.springer.com/abour+springer/media/springer+select?SGWID=0-11001-6-1397452-0.

Matthews, Merrill, «Government Programs Have Become One Big Scammer Fraud Fest», *Forbes*, 13 de enero de 2014, http://www.

forbes.com/sites/merrillmatthews/2014/01/13/government-programms-have-become-one-big-scammer-fraud-fest/.

Morelli, Gilda A., *et al.*, «Cultural Variation in Infants' Sleeping Arrangaments: Questions of Independence», *Developmental Psychology* 28, n.º 4, (1992), pp. 604-613.

Muller, Martin N., y John C. Mitani, «Conflict and Cooperation in Wild Chimpanzees», *Advances in the Study of Behaviour* 35 (2005), pp. 275-331, http://tuvalu.santafe.edu/ ~bowles/Dominance/Papers/muller_mitani.pdf.

Owens, Judith A., «Sleep in Children: Cross-Cultural Perspectives», *Sleep and Biological Rhythms* 2, n.º 3 (octubre de 2004), pp. 165-173.

Paine, Thomas, *Common Sense* (1776).

Parkman, Francis, *The Conspiracy of Pontiac and the Indian War After the Conquest of Canada*, Boston: Little, Brown, 1899.

Pennisi, Elizabeth, «These Animals Stick Up for Social Justice», *Slate*, 22 de mayo 2014, http://www.slate.com/blogs/wild_things/2014/05/22/animal_social_justice_equality_in_bonobos_chimps_monkeys_lions_baboons.html.

Porter, Eduardo, «Recession's True Costs Is Still Being Tallied», *New York Times*, 21 de enero de 2014. http://www.nytimes.com/2014/01/22/business/economy/the-cost-of-the-financial-crisis-is-still-being-tallied.html?_r=0.

Riedl, Katrin, *et al.*, «No Third-Party Punishment in Chimpanzees», *Proceedings of the National Academy of Sciences of the United States of America* 109, n.º 37 (septiembre de 2011), pp. 14824-14829, http://www.ncbi.nlm.nih.gov/pmc/articles/PMC3443148/.

Safina, Carl, *Beyond Words: What Animals Think and Feel*, Nueva York: Henry Holt, 2015.

Schnurer, Eric, «Just How Wrong Is Conventional Wisdom About Government Fraud?», *Atlantic*, 15 de agosto de 2013. http://www.theatlantic.com/politics/archive/2013/08/just-how-wrong-is-conventional-wisdom-about-government-fraud/278690/.

Seaver, James Everett, *A Narrative of the Life of Mrs. Mary Jemison*, Nueva York: American Scenic & Historic Preservation Society, 1918.

Smith, Harriet J. *Parenting for Primates*, Cambridge, MA, Harvard University Press, 2005.
Smith, William, *Historical Account of Bouquet's Expedition Against the Ohio Indians in 1764*, 1765; reimpresión, Carlisle, Massachusetts: Applewood Books, 2010.
«Table 1A-Criminal Convictions», http://www.sanders.senate.gov/imo/media/doc/102011-Combined_DOD_Fraud_Tables.pdf.
United States Department of Labor, «Unemployment Insurance (UI) Improper Payments», http://www.dol.gov/dol/maps/statelist.htm.
«Welfare Fraud», *Federal Safety Net*, http://federalsafetynet.com/welfare-fraud.html.
Zaki, Jamil y Jason P. Mitchell, «Intuitive Prosociality», *Current Directions in Psychological Science* 22, n° 6 (diciembre 2013), pp. 466-70.
Zarembo, Alan, «As Disability Awards Grow, So Do Concerns with Veracity of PTSD Claims», *Los Angeles Times*, 3 de agosto de 2014.
—, «VA Overpaid $230 Million in Disability Claims», *Los Angeles Times*, 14 de julio de 2014.

La guerra te convierte en animal

Beach, H. D. y R. A. Lucas, *Individual and Group Behaviour in a Coal Mine Disaster*, Washington D. C.: National Academy of Sciences/National Research Council, 1960.
Becker, Selwyn W. y Alice H. Eagly, «The Heroism of Women and Men», *American Psychologist* 59, n.° 3 (abril de 2004), pp. 163-78.
Burnstein, Eugene, Christian Crandall y Shinobu Kitayama, «Some Neo-Darwinian Rules for Altruism: Weighing Cues for Inclusive Fitness as a Function of the Biological Importance of the Decision», *Journal of Personality and Social Psychology* 67, n.° 5 (1994), pp. 773-789.
Costa, Paul Jr., Antonio Terracciano y Robert R. McCrae, «Gender Differences in Personality Traits Across Cultures: Robust and Surprising Findings», *Journal of Personality and Social Psychology* 81, n.° 2 (2001), pp. 322-331.

Dunsworth, F. A., «Springhill Disaster (Psychological Findings in the Surviving Miners)», *Nova Scotia Medical Bulletin* 37 (1958), pp.111-14.

Field, Geoffrey, «Nights Underground in Darkest London: The Blitz, 1940-41», *International Labor and Working-Class History* 62 (octubre de 2002), pp. 11-49.

Fritz, Charles, *Disasters and Mental Health: Therapeutic Principles Drawn from Disaster Studies,* Disaster Research Center, University of Delaware, 1996.

Haidt, Jonathan, «The New Synthesis in Moral Psychology», *Science* 316 (mayo de 2007).

Harrison, Tom, *Living Through the Blitz,* Londres: Faber&Faber, 2010.

Hourani, L, et al., «A Population-Based Survey of Loss and Psychological Distress During War», *Social Sciences Medicine* 23, n.º 3 (1986), pp. 269-275.

Johnson, Ronald, «Attributes of Carnegie Medalists Performing Acts of Heroism and of the Recipients of These Acts», *Ethology and Sociobiology* 17 (1996), pp. 355-62.

Jones, Jon y Rémy Ourdan (eds.), *Bosnia, 1992-1995,* impreso en Bosnia y Herzegovina, 2015.

Lay, Clarry, Marlen Allen y April Kassirer, «The Responsive Bystander in Emergencies: Some Preliminary Data», *Canadian Psychologist* 15, n.º 3 (julio de 1974), pp. 220-227.

Levine, Joshua, *Forgotten Voices of the Blitz and the Battle for Britain,* Londres: Ebury Press, 2006.

Lyons, H. A., «Civil Violence: The Psychological Aspects», *Journal of Psychosomatic Research* 23 (1979), pp. 373-393.

—, «Depressive Illness and Aggression in Belfast», *British Medical Journal* 1 (1972), pp. 342-344.

Mestrovic, S. y B. Glassner, «A Durkheimian Hypothesis on Stress», *Social Sciences Medicine* 17, n.º 18 (1983), pp. 1315-1327.

Oliver-Smith, Anthony y Susanna M. Hoffman (eds.),, *The Angry Earth: Disaster in Anthropological Perspective,* Nueva York, Routledge, 1999.

Terkel, Studs, *The Good War,* Nueva York: Ballantine, 1985.

Von Dawans, Bernadette, *et al.*, «The Social Dimension of Stress Reactivity: Acute Stress Increases Prosocial Behaviour in Humans», *Psychological Science* 23, n.º 6 (junio de 2012), pp. 651-660.

Wrangham, Richard W., y Michael L. Wilson, «Collective Violence: Comparisons Between Youths and Chimpanzees», *Annals of the New York Academy of Sciences* 1036 (2004), pp. 233-256.

Wrangham, Richard W., Michael L. Wilson y Martin N. Miller. «Comparative Rates of Violence in Chimpanzees and Humans», *Primates* 47 (2006), pp. 14-26.

En amarga seguridad, me despierto

Ahern, J., y S. Galea, «Social Context and Depression After a Disaster: The Role of Income Inequality», *Journal of Epidemiology and Community Health* 60, n.º 9 (2006), pp. 766–770.

American Psychiatric Association, «Posttraumatic Stress Disorder», 2013. http://www.dsm5.org/Documents/PTSD%20Fact%20Sheet.pdf

Axelrod, S. R., et al. «Symptoms of Posttraumatic Stress Disorder and Borderline Personality Disorder in Veterans of Operation Desert Storm», *American Journal of Psychiatry* 162 (2005), pp. 270-275.

Barglow, Peter, «We Can't Treat Soldiers' PTSD Without a Better Diagnosis», *Skeptical Inquirer* 36, n.º 3 (mayo-junio de 2012). http://www.csicop.org/si/show/we_cant_treat_soldiers_ptsd_without_a_better_diagnosis/

Betancourt, Theresa S., *et al.* «Past Horrors, Present Struggles: The Role of Stigma in the Association Between War Experiences and Psychosocial Adjustment Among Former Child Soldiers in Sierra Leone», *Social Science and Medicine* 70 (2010), pp. 17-26.

—, «Post-traumatic Stress Symptoms Among Former Child Soldiers in Sierra Leone», *British Journal of Psychiatry* 203 (2013), pp. 196-202.

Bilmes, Linda J, *The Financial Legacy of Iraq and Afghanistan: How Wartime Spending Decisions Will Constrain Future National*

Security Budgets. Faculty Research Working Paper Series, Harvard Kennedy School, marzo de 2013.

Blosnich, J. R., *et al.* «Disparities in Adverse Childhood Experiences Among Individuals with a History of Military Service», *Journal of the American Medical Association Psychiatry* 71, n°. 9 (2014), pp. 1041-1048.

Breslau, N., et al. «Vulnerability to Assaultive Violence: Further Specification of the Sex Difference in Post-traumatic Stress Disorder», *Psychological Medicine* 29 (1999), pp. 813-821.

Bryan, Craig J., *et al.* «Suicide Attempts Before Joining the Military Increase Risk for Suicide Attempts and Severity of Suicidal Ideation Among Military Personnel and Veterans», *Comprehensive Psychiatry* 55, n.º 3 (2013), pp. 534-541. http://www.apa.org/news/press/releases/2014/08/military-suicide-attempts.pdf.

Buwalda, B., *et al.* «Long-Term Effects of Social Stress on Brain and Behavior: A Focus on Hippocampal Functioning», *Neuroscience and Biobehavioral Reviews* 29 (2005), pp. 83-97.

Cantor, Chris, *Evolution and Posttraumatic Stress: Disorders of Vigilance and Defence*. Londres: Routledge, 2005.

Chappelle, Wayne, *et al.* «Suicide Among Soldiers: A Review of Psychosocial Risk and Protective Factors», *Psychiatry* 76, n° 2 (verano de 2013), pp. 97-125. http://www.sciencedirect.com/science/article/pii/S0887618514000656.

Congressional Budget Office. *The Veterans Health Administration's Treatment of PTSD and Traumatic Brain Injury Among Recent Combat Veterans, 9 de febrero de 2012,* http://www.cbo.gov/sites/default/files/02-09-PTSD_0.pdf.

Crombach, A., y T. Elbert, «The Benefits of Aggressive Traits: A Study with Current and Former Street Children in Burundi», *Child Abuse and Neglect* 38, n.º 6 (junio de 2014), pp. 1041-1050.

De Dreu, C. K. W., *et al.* «The Neuropeptide Oxytocin Regulates Parochial Altruism in Intergroup Conflict Among Humans», *Science* 328, n.º 5984 (junio de 2010).

Finley, Erin P. «Empowering Veterans with PTSD in the Recovery Era: Advancing Dialogue and Integrating Services», *Annals of Anthropological Practice* 37, n.º.2 (noviembre de 2013), pp. 75-91.

Fischer, Hannah, *U.S. Military Casualty Statistics: Operation New Dawn, Operation Iraqi Freedom, and Operation Enduring Freedom.* Congressional Research Service, 5 de febrero de 2013, http://journalistsresource.org/wp-content/uploads/2013/02/RS22452.pdf.

Friedman, Matthew J, «History of PTSD in Veterans: Civil War to DSM-5», US Department of Veterans Affairs, http://www.ptsd.va.gov/public/PTSD-overview/basics/history-of-ptsd-vets.asp.

Gal, Reuven, «Unit Morale: From a Theoretical Puzzle to an Empirical Illustration - An Israeli Example», *Journal of Applied Social Psychology* 16, n.º 6 (1986), pp. 549–564.

Gone, Joseph P., et al. «On the Wisdom of Considering Culture and Context in Psychopathology», en *Contemporary Directions in Psychopathology: Scientific Foundations of the DSM-V and ICD-11*, editado por Theodore Millon, Robert F. Krueger y Erik Simonsen. Nueva York: Guilford Press, 2010.

Gore, T. Allen, «Posttraumatic Stress Disorder Clinical Presentation», *Medscape*, http://emedicine.medscape.com/article/288154-clinical.

Green, B. L. et al. «Risk Factors for PTSD and Other Diagnoses in a General Sample of Vietnam Veterans», *American Journal of Psychiatry* 147 (junio de 1990), pp. 729-733.

Hanwella, R. y V. de Silva, «Mental Health of Special Forces Personnel Deployed in Battle», *Social Psychiatry and Psychiatric Epidemiology* 47 (2012), pp. 1343-1351.

Helmus, Todd C. y Russell W. Glenn, *Steeling the Mind: Combat Stress Reactions and Their Implications for Urban Warfare.* Santa Mónica, California: RAND Corporation, 2005.

Hirshon, J. M., et al. «Psychological and Readjustment Problems Associated with Emergency Evacuations of Peace Corps Volunteers», *Journal of Travel Medicine* 4, n.º 3 (septiembre de 1997), pp. 128–31.

Institute of Medicine of the National Academies. *Treatment for Posttraumatic Stress Disorder in Military and Veteran Populations: Initial Assessment.* Washington D, C.: National Academies Press, 2012.

Jones, Franklin D., et al. (eds.), *War Psychiatry.* Army Medical Department Center and School, US Army Health Readiness Center of Excellence, 1995.

Kimhi, S, «Levels of Resilience: Associations Among Individual, Community, and National Resilience», *Journal of Health Psychology* 21, n.º 2 (2016), pp. 164-170.

Kimhi, S., y Y. Eshel, «Individual and Public Resilience and Coping with Long-Term Outcomes of War», *Journal of Applied Biobehavioral Research* 14 (2009), pp. 70-89.

Kimhi, S., M. Goroshit y Y. Eshel, «Demographic Variables as Antecedents of Israeli Community and National Resilience», *Journal of Community Psychology* 41, n.º 5 (2013), pp. 631-643.

Kinney, Wayne, «Comparing PTSD Among Returning War Veterans», *Journal of Military and Veterans' Health* 20, n.º 3 (agosto de 2013). http://jmvh.org/article/comparing-ptsd-among-returning-war-veterans/.

Kohrt, B. A. *et al.* «Comparison of Mental Health Between Former Child Soldiers and Children Never Conscripted by Armed Groups in Nepal», *Journal of the American Medical Association* 300, n.º 6 (agosto de 2008).

—. «Designing Mental Health Interventions Informed by Child Development and Human Biology Theory», *American Journal of Human Biology* 27 (2015), pp. 27-40.

Lee, Michelle Ye Hee, «The Missing Context Behind the Widely Cited Statistic That There Are 22 Veteran Suicides a Day», *Washington Post*, 4 de febrero de 2015.

Levav, I., H. Greenfeld y E. Baruch, «Psychiatric Combat Reactions During the Yom Kippur War», *American Journal of Psychiatry* 136, n.º 5 (1979).

Litz, Brett T. y William E. Schlenger, «PTSD in Service Members and New Veterans of the Iraq and Afghanistan War: A Bibliography and Critique», *PTSD Research Quarterly* 20, n.º 1 (invierno 2009). http://www.ptsd.va.gov/professional/newsletters/research-quarterly/ V20N1.pdf.

McCall, George J. y Patricia A. Resick, «A Pilot Study of PTSD Symptoms Among Kalahari Bushmen», *Journal of Traumatic Stress* 16, n.º 5 (octubre de 2003).

McNally, Richard J. y Christopher B. Freuh. «Why Are Iraq and Afghanistan War Veterans Seeking PTSD Disability Compensation at Unprecedented Rates?», *Journal of Anxiety Disorders* 27 (2013), pp. 520-526.

Marlowe, David H., *Cohesion, Anticipated Breakdown, and Endurance in Battle: Considerations for Severe and High Intensity Combat*. Manuscrito inédito, Washington D. C.: Walter Reed Army Institute of Research, 1979.

—, *The Psychological and Psychosocial Consequences of Combat and Deployment with Special Emphasis on the Gulf War*. Santa Monica, CA, RAND Corporation, 2001.

Medical Surveillance Monthly Report 20, n.º 3 (marzo de 2013). https://www.afhsc.mil/documents/pubs/msmrs/2013/v20_n03.pdf.

Morley, Christopher A. y Brandon A. Kohrt, «Impact of Peer Support on PTSD, Hope, and Functional Impairment», *Journal of Aggression, Maltreatment and Trauma* 22 (2013), pp. 714-734.

National Center for Veterans Analysis and Statistics, «Trends in the Geographic Distribution of VA Expenditures (GDX): FY2000 to FY2009», http://www.va.gov/vetdata/docs/QuickFacts/Expenditures_quickfacts.pdf

Nock, Matthew K. *et al.* «Cross-National Analysis of the Associations Among Mental Disorders and Suicidal Behavior: Findings from the WHO World Mental Health Surveys», *PLoS Medicine* 6, n.º 8 (2009); 6:e1000123.

—, «Suicide Among Soldiers: A Review of Psychosocial Risk and Protective Factors», *Psychiatry* 76, n.º 2 (2013), pp. 97-125. http://www.ncbi.nlm.nih.gov/pmc/articles/PMC4060831/.

Norris, F. H. *et al.* «Community Resilience as a Metaphor, Theory, Set of Capacities, and Strategy for Disaster Readiness», *American Journal of Community Psychology* 41, n.º 1-2 (2008), pp. 127-150.

Otto, Jean L. y Bryant J. Webber, «Mental Health Diagnoses and Counseling Among Pilots of Remotely Piloted Aircraft in the United States Air Force», *Medical Surveillance Monthly Report* 20, n.º 3 (marzo de 2013).

Philipps, Dave, «Study Finds No Link Between Military Suicide Rate and Deployments», *New York Times*, 1 de abril de 2015.

Pietrzak, R. H. *et al.* «Psychosocial Buffers of Stress, Depressive Symptoms, and Psychosocial Difficulties in Veterans of Operation

Enduring Freedom and Iraqi Freedom», *Journal of Affective Disorders* 120 (2010), pp. 188-192.
Powers, M. B. *et al*. «A Meta-analytic Review of Prolonged Exposure for Posttraumatic Stress Disorder», *Clinical Psychology Review* 30 (2010), pp. 635-641.
Shah, Sabir, «US Wars in Afghanistan, Iraq to Cost $6 Trillion», *Global Research News*, 12 de febrero de 2014. http://www.globalresearch.ca/us-wars-in-afghanistan-iraq-to-cost-6-trillion/5350789.
Tanielian, Terri y Lisa H. Jaycox (eds.), *Invisible Wounds of War: Psychological and Cognitive Injuries, Their Consequences, and Services to Assist Recovery*. Santa Mónica, California: RAND Corporation, 2008. http://www.rand.org/content/dam/rand/pubs/monographs/2008/RAND_MG720.sum.pdf.
Thompson, Mark, «They Don't Seem to Get Better...», *Time*, 23 de febrero de 2012. http://nation.time.com/2012/02/23/they-dont-seem-to-get-better/.
Toll, W. A. *et al*. «Promoting Mental Health and Psychosocial Well-Being in Children Affected by Political Violence», *Handbook of Resilience in Children of War*, editado por Chandi Fernando y Michel Ferrari, Nueva York: Springer, 2013.
Vedantam, Shankar, «VA Benefits System for PTSD Victims Is Criticized», *Washington Post*, 9 de mayo de 2007. http://www.washingtonpost.com/wp-dyn/content/article/2007/05/08/AR2007050801746.html.
«Veteran Statistics: PTSD, Depression, TBI, Suicide», *Veterans and PTSD*, http://www.veteransandptsd.com/PTSD-statistics.html.
Yehuda, R. et al. «Predicting the Development of Posttraumatic Stress Disorder from Acute Response to a Traumatic Event», *Biological Psychiatry* 44 (1998), pp. 1305-1313.
Zarembo, Alan, «As Disability Awards Grow, So Do Concerns with Veracity of PTSD Claims», *Los Angeles Times*, 3 de agosto de 2014.
—, «Detailed Study Confirms High Suicide Rate Among Recent Veterans», *Los Angeles Times*, 14 de enero de 2015.
—, «A Misunderstood Statistic: 22 Military Veteran Suicides a Day», *Los Angeles Times*, 20 de diciembre de 2013.

Llamando a casa desde Marte

American Foundation for Suicide Prevention, «Facts and Figures», https://www.afsp.org/understanding-suicide/facts-and-figures.

Andriotis, Annamaria, Laura Kusisto y Joe Light. «After Foreclosures, Home Buyers Are Back», *Wall Street Journal*, 8 de abril de 2015, http://www.wsj /articles/.comafter-foreclosures-home-buyers-are-back-1428538655.

Apuzzo, Matt y Ben Protess, «Justice Department Sets Sights on Wall Street Executives», *New York Times*, 9 de septiembre de 2015. http://www.nytimes.com/2015/09/10/us/politics/new-justice-dept-rules-aimed-at-prosecuting-corporate-executives.html.

Breslow, Jason M, «Were Bankers Jailed in Past Financial Crises?», *Frontline*, 22 de enero 2013. http://www.pbs.org/wgbh/frontline/article/were-bankers-jailed-in-past-financial-crises/.

Bureau of Labor Statistics. «Labor Force Statistics from the Current Population Survey», http://data.bls.gov/pdq/SurveyOutputServlet?request_action=wh&graph_name=LN_cpsbref3.

Centers for Disease Control and Prevention, «CDC Study Finds Suicide Rates Rise and Fall with Economy», 14 de abril de 2011. http://www.cdc.gov/media/releases/2011/p0414_suiciderates.html.

CIA World Factbook, «Country Comparison: Population Below Poverty Line», https://www.cia.gov/library/publications/the-world-factbook/rankorder/2046rank.html.

Dvorak, Phred, «Poor Year Doesn't Stop CEO Bonuses», *Wall Street Journal*, 18 de marzode 2009. http://www.wsj.com/articles/SB123698866439126029.

Eaglesham, Jean, «Missing: Stats on Crisis Convictions», *Wall Street Journal*, 13 de mayo de 2012. http://www.wsj.com/articles/SB10001424052702303505504577401911741048088.

Eisinger, Jesse, «Why Only One Top Banker Went to Jail for the Financial Crisis», *New York Times Magazine*, 30 de abril de 2014. http://www.nytimes.com/2014/05/04/magazine/only-one-top-banker-jail-financial-crisis.html?_r=0.

Finklea, Kristin M, *Economic Downturns and Crime*. Congressional Research Service, 19 de diciembre de 2011. https://www.fas.org/sgp/crs/misc/R40726.pdf.

Follman, Mark *et al.* «US Mass Shootings, 1982-2015: Data from *Mother Jones'* Investigation», *Mother Jones*, 28 de diciembre de 2012. http://www.motherjones.com/politics/2012/12/mass-shootings-mother-jones-full-data.

Gongloff, Mark, «Banks Repaid Fed Bailout with Other Fed Money: Government Report», *Huffington Post*, 9 de marzo de 2012. http://www.huffingtonpost.com/2012/03/09/bank-tarp_n_1335006.html.

Goodman, Christopher J. y Steven M. Mance, «Employment Loss and the 2007–9 Recession: An Overview», *Monthly Labor Review*, abril 2011. http://www.bls.gov/mlr/2011/04/art1full.pdf.

Greenwald, Glenn, «The Real Story of How "Untouchable" Wall Street Execs Avoided Prosecution», *Business Insider*, 23 de enero de 2013. http://www.businessinsider.com/why-wall-street-execs-werent-prosecuted-2013-1.

Grinnell, G. B., «The Cheyenne Medicine Lodge», *American Anthropologist*, New Series, 16, n.º 2 (1914), pp. 245-256.

Holland, Joshua, «Hundreds of Wall Street Execs Went to Prison During the Last Fraud-Fueled Bank Crisis», *Moyers & Company*, 17 de septiembre de 2013. http://billmoyers.com/2013/09/17/hundreds-of-wall-street-execs-went-to-prison-during-the-last-fraud-fueled-bank-crisis/.

«Home Foreclosure Rates Are Comparable to the Great Depression», *Washington's Blog*, 7 de mayo de 2013. http://www.washingtonsblog.com/2013/05/have-more-people-lost-their-homes-than-during-the-great-depression.html.

Kiel, Paul y Dan Nguyen, «The State of the Bailout», *ProPublica*, https://projects.propublica.org/bailout/.

Leonhardt, David y Kevin Quealy, «The American Middle Class Is No Longer the World's Richest», *The Upshot, New York Times*, 22 de abril de 2014. http://www.nytimes.com/2014/04/23/upshot/the-american-middle-class-is-no-longer-the-worlds-richest.html)rref=upshot.

Llanos, Miguel, «Crime in Decline, but Why? Low Inflation Among Theories», *Crime & Courts*, NBC News, 20 de septiembre de 2011. http://www.nbcnews.com/id/44578241/ns/us_news-crime_and_courts/t/crime-decline-why-low-inflation-among-theories/. VogoL_krLIU.

Newman, K. S. et al. *Rampage: The Social Roots of School Shootings*. Nueva York: Basic Books, 2004.

—, «9 Wall Street Execs Who Cashed In on the Crisis», *Mother Jones*, enero-febrero de 2010. http://www.motherjones.com/politics/2010/01/wall-street-bailout-executive-compensation.

O'Nell, T. D., «"Coming Home" Among Northern Plains Vietnam Veterans: Psychological Transformations in Pragmatic Perspective», *Ethos* 27, n.º 4 (2000), pp. 441-465.

Reeves, Aaron, Martin McKee y David Stuckler, «Economic Suicides in the Great Recession in Europe and North America», *British Journal of Psychiatry* 205, n.º 3 (septiembre 2014), pp. 246-247. http://bjp.rcpsych.org/content/205/3/246.

Savage, Charlie y Andrew W. Lehren, «Can Bowe Bergdahl Be Tied to 6 Lost Lives? Facts Are Murky», *New York Times*, 3 de junio de 2014. http://www.nytimes.com/2014/06/04/world/middleeast/can-gi-be-tied-to-6-lost-lives-facts-are-murky.html.

Story, Louise y Eric Dash, «Bankers Reaped Lavish Bonuses During Bailouts», *New York Times*, 30 de julio de 2009. http://www.nytimes.com/2009/07/31/business/31pay.html.

Tapper, Jake, «How Did 6 Die After Bowe Bergdahl's Disappearance?», CNN, 9 de junio de 2014. http://www.cnn.com/2014/06/08/us/bergdahl-search-soldiers/.

Thompson, Derek, «Why Did Crime Fall During the Great Recession?», *Atlantic*, 31 de mayo de 2011. http://www.theatlantic.com/business/archive/2011/05/why-did-crime-fall-during-the-great-recession/239696/.

Thompson, Mark, «The 6 U.S. Soldiers Who Died Searching for Bowe Bergdahl», *Time*, 2 de junio de 2014. http://time.com/2809352/bowe-bergdahl-deserter-army-taliban/.

Uggen, Chris y Suzy McElrath, «Six Social Sources of the U.S. Crime Drop», *The Society Pages*, 4 de febrero de 2013. http://thesocietypages.org/papers/crime-drop/.

«Unemployment and Job Insecurity Linked to Increased Risk of Suicide», *PubMed Health*, 11 de febrero de 2015.

United States Census Bureau, «Poverty: 2014 Highlights», https://www.census.gov/hhes/www/poverty/about/overview/.

«US & Allied Killed», *Costs of War*, Watson Institute, Brown University, http://watson.brown.edu/costsofwar/costs/human/military/killed.

Wilson, John P. y Catherine So-kum Tang (eds.), *Cross-Cultural Assessment of Psychological Trauma and PTSD*. Nueva York: Springer, 2010.

Worstall, Tim, «The True US Poverty Rate Is 4.5%, Not 14.5%», *Forbes*, 15 de marzo de 2015. http://www.forbes.com/sites/timworstall/2015/03/15/the-true-us-poverty-rate-is-4-5-not-14-5/2/.